Barbara Jaglarz, Georg Bemmerlein

AF558088

Popstars im Musikunterricht 1

65 originelle Arbeitsblätter zu Justin Bieber, Rihanna & Co.

5./6. Klasse

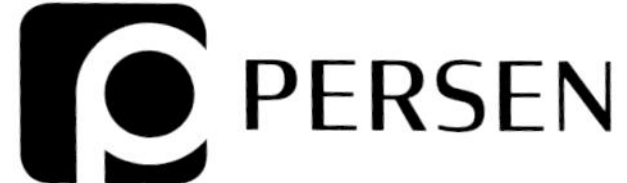

Die Autoren:

Barbara Jaglarz ist Haupt- und Realschullehrerin an einer Realschule plus in Rheinland Pfalz.

Georg Bemmerlein ist Oberstudienrat an einer integrierten Gesamtschule in Rheinland-Pfalz.

Gedruckt auf umweltbewusst gefertigtem, chlorfrei gebleichtem und alterungsbeständigem Papier.

5. Auflage 2020
© 2014 PERSEN Verlag, Hamburg
AAP Lehrerwelt GmbH
Alle Rechte vorbehalten.

Das Werk als Ganzes sowie in seinen Teilen unterliegt dem deutschen Urheberrecht. Der Erwerber des Werkes ist berechtigt, das Werk als Ganzes oder in seinen Teilen für den eigenen Gebrauch und den Einsatz im Unterricht zu nutzen. Die Nutzung ist nur für den genannten Zweck gestattet, nicht jedoch für einen weiteren kommerziellen Gebrauch, für die Weiterleitung an Dritte oder für die Veröffentlichung im Internet oder in Intranets. Eine über den genannten Zweck hinausgehende Nutzung bedarf in jedem Fall der vorherigen schriftlichen Zustimmung des Verlages.

Sind Internetadressen in diesem Werk angegeben, wurden diese vom Verlag sorgfältig geprüft. Da wir auf die externen Seiten weder inhaltliche noch gestalterische Einflussmöglichkeiten haben, können wir nicht garantieren, dass die Inhalte zu einem späteren Zeitpunkt noch dieselben sind wie zum Zeitpunkt der Drucklegung. Der PERSEN Verlag übernimmt deshalb keine Gewähr für die Aktualität und den Inhalt dieser Internetseiten oder solcher, die mit ihnen verlinkt sind, und schließt jegliche Haftung aus.

Grafik: Barbara Jaglarz, Georg Bemmerlein und deren Lizenzgeber
Satz: Satzpunkt Ursula Ewert GmbH, Bayreuth

ISBN 978-3-403-20720-7

www.persen.de

Inhaltsverzeichnis

© Persen Verlag

Vorwort

Wir leben in der Zeit der MP3-Player, Handys und Smartphones. Verkabelte junge Menschen bewegen sich unter Dauerberieselung durch den Alltag. Ob Schulweg, Lauftraining oder abendliches Einschlafen: Ohrstöpsel und Kopfhörer scheinen regelrecht zu Körperteilen zu werden und befinden sich ständig im Einsatz.

Besonders das intensive Hören moderner Jugendmusik, die damit zusammenhängende Fanbegeisterung und Auseinandersetzung von Kindern und Jugendlichen mit bestimmten Sängern, Gruppen und Musikrichtungen, mit denen sie heranwachsen und die somit Teil ihrer Identitätsbildung darstellen, legt nahe, dass diese Musik auch in den Musikunterricht Eingang finden sollte.

Leider berücksichtigen die meisten Musikschulbücher die musikalischen Lieblingsthemen der Schülergeneration zu wenig. Und auch entsprechendes Unterrichtsmaterial steht wenig zur Verfügung. Dies ist einer der Gründe, weshalb wir uns entschieden haben, diese „Marktlücke“ partiell zu schließen.

Die im Band angebotenen Arbeitsblätter sind im eigenen Musikunterricht erfolgreich erprobt worden. Dabei haben wir erstaunlich positive Erfahrungen gemacht: Durch die Akzeptanz ihrer Musikwelt fühlen sich die Kinder und Jugendlichen ernst genommen. Sie zeigen Engagement und viel Interesse, sodass eine motivierende, lebendige und gleichzeitig entspannte Lernatmosphäre entstehen kann.

Wir haben für Musiklehrer und fachfremd unterrichtende Kollegen Topstars und berühmte Musikgruppen ausgewählt, die auch Gesprächsstoff liefern können, der über das rein Musikalische hinausgeht, wie zum Beispiel das Thema Homosexualität und AIDS in Verbindung mit Freddie Mercury oder das Problem der Schönheitsoperationen bei Michael Jackson. So entsteht bei den Schülern ein positives Lernerlebnis, das ihnen gleichzeitig ermöglicht, Zugänge zu einem gesellschaftlichen Problembewusstsein zu finden.

Jede Unterrichtseinheit zu den ausgewählten Sängern, Gruppen oder Stars ist identisch konzipiert:

- Am Anfang steht ein motivationsstarkes Deckblatt. Die Kinder erkennen die meisten Stars sofort, zumindest die Musikidole ihrer Generation. Schon hier entsteht die Möglichkeit eines einführenden Dialogs. Auch wenn man den Schülern das Bild als Deckblatt für ihre Einträge kopiert und verteilt, wird bei vielen Kindern die Freude am Thema spürbar.
- Der nachfolgende Ausgangstext zu dem jeweiligen Star oder der jeweiligen Musikgruppe mit anschließenden Fragen zum Text wird gern gelesen und die Fragen bereitwillig und engagiert beantwortet, unabhängig davon, ob man die Texte für alle Schüler kopiert oder nur an der Leinwand zeigt. Solche Inhalte sind für Kinder und Jugendliche nicht ungewohnt, denn sie finden sich in ähnlicher Form auch in den von den Schülern gelesenen Jugendzeitschriften.
- Über einen Lückentext und den folgenden Steckbrief werden die Informationen gesichert und die Textarbeit gefestigt.
- Zu jedem Sänger thematisiert der Band weiterführend ein besonderes Spezialthema, wie zum Beispiel bei Rihanna „karibische Musik“, bei Lady Gaga die Auszeichnung „Grammy“ oder bei Culcha Candela das Thema „Rap“. Manche Stars bieten durch ihre Person oder ihr gesellschaftliches Verhalten den Schülern auch die Möglichkeit, soziales Problembewusstsein bzw. Toleranz zu entwickeln, wie etwa Freddy Mercurys durch seine Homosexualität oder Michael Jackson durch sein soziales Engagement. Dadurch, dass diese Themen entweder mit der favorisierten Musik oder einem bewunderten Star verknüpft sind, wird der Unterrichtsstoff von den Schülern angenommen.
- Die jeweiligen Gesamtkapitel werden durch ein den Gesamtstoff umfassendes Rätsel abgerundet, wobei der Typ des Rätsels variiert. Die Lösungen befinden sich jeweils am Ende des Bandes.

© Persen Verlag

- Schließlich folgt eine handlungsorientierte, kreative Aufgabe, bei der sich die Schüler mit dem Sänger oder der Gruppe noch einmal gestalterisch frei und spontan auseinandersetzen können. Man kann während dieser Zeit des künstlerischen Prozesses Musik des entsprechenden Stars einspielen und so die Sensibilität und Kreativität der Schüler bei der Arbeit verstärken.

- Abschließend wird das Thema durch eine Selbstkontrolle „Teste dein Wissen“ zusammengefasst.

Die Folge der Arbeitsblätter ist inhaltlich dicht und die Textarbeit bzw. Festigung der Informationen aus dem Text intensiv konzipiert. Die Arbeitsblätter hängen aber nicht zwingend zusammen, sodass einzelne Blätter, bis auf den Ausgangstext, auch ausgelassen werden können. So lässt sich die Unterrichtszeit thematisch variieren.

Die Schüler können Informationsmaterialien, zum Beispiel Bücher, Zeitschriften, Poster, Plakate, CDs und DVDs, zum jeweiligen Thema in den Unterricht mitbringen. So kann die Arbeit mit den Arbeitsblättern unterstützt werden. Von diesem Angebot machen die Kinder erfahrungsgemäß regen Gebrauch. Sie können so den Lernprozess mitgestalten und binden sich selbst aktiv in den Unterricht ein.

Lehrer und Klasse fällen dann anhand des mitgebrachten Materials gemeinsam die Entscheidung, welche Songs im Unterricht verwendet werden. Die Entscheidungskompetenz des Lehrers muss allerdings erhalten bleiben, da möglicherweise das Jugendschutzgesetz und Urheberrechte zu berücksichtigen sind. Auch unterrichtstechnische Aspekte, etwa ob der Text inhaltlich zu schwer zu verstehen bzw. zu lang ist oder das Lied für die Mehrheit der Klasse zu schwer zu singen ist, müssen einbezogen werden. Hier sind die Schüler gegebenenfalls in ihrer Spontaneität und ihrem Engagement zu bremsen.

Die Texte aktueller Songs kennen viele Schüler auswendig. Sie lernen aber auch bereitwillig unbekannte Texte, was die Materialauswahl entsprechend erleichtert und den Unterricht für alle Seiten angenehm werden lässt.

Folgende Songs der einzelnen Stars und Musikgruppen lassen sich unserer Erfahrung nach im Unterricht besonders gut verwenden:

Justin Bieber:	„Baby“, „Boyfriend“, „Never Let You Go“
Culcha Candela:	„Schöne neue Welt”, „Berlin City Girl”, „Hungry Eyes”
Rihanna:	„California King Bed“, „Who’s That Chick“, „SOS“
Lady Gaga:	„Bad Romance”, „Born This Way”, „Poker Face”
DJ Ötzi:	„Ein Stern (der deinen Namen trägt)”, „Anton aus Tirol”, „Burger Dance“
Die Prinzen:	„Alles nur geklaut“, „Was soll ich ihr schenken?“, „Bald ist Weihnachten“
Udo Lindenberg:	„Der Sonderzug nach Pankow“, „Sie brauchen keinen Führer“, „Wozu sind die Kriege da“
Michael Jackson:	„We Are The World“, „Earth“, “Billy Jean”
Queen:	„We are the Champions”, „We will Rock You”, „Radio GaGa”

Die Liedtexte (engl.: lyrics) sind im Internet auf zahlreichen, auch deutschsprachigen, Seiten zu finden. Dabei handelt es sich jedoch manchmal auch um Übersetzungen aus dem Englischen, die nicht immer vom Fachmann stammen. Beim Vervielfältigen der Songtexte ist gegebenenfalls auf Urheberrechtsverletzungen zu achten.

© Persen Verlag

So ermöglichen die „Popstars im Musikunterricht“ einen motivationsstarken, erfolgreichen, lebendigen Unterricht, der vom Interesse der Schüler getragen ist sowie vom Lehrer gesteuert und unterstützt wird. Die Schüler engagieren sich, diskutieren, berichten über aktuelle Ereignisse und Veröffentlichungen, informieren sich freiwillig und bringen aus eigenem Antrieb Materialien aller Art mit, die zum Thema passen. Bei den etwas älteren Sängern, wie Michael Jackson oder Freddie Mercury, zeigen oft sogar die Eltern aktives Interesse und geben den Kindern Material mit.

Ein herzlicher Dank gilt daher unseren Schülern, die die Entstehung dieses Bandes mit viel Interesse begleitet haben. Sie haben uns viele Anregungen, Informationen, Überlegungen und Tipps mitgegeben, die in diesen Band eingeflossen sind.

Barbara Jaglarz & Georg Bemmerlein

© Persen Verlag

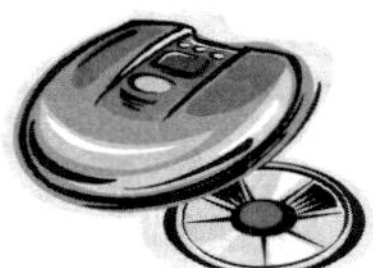

Justin Bieber

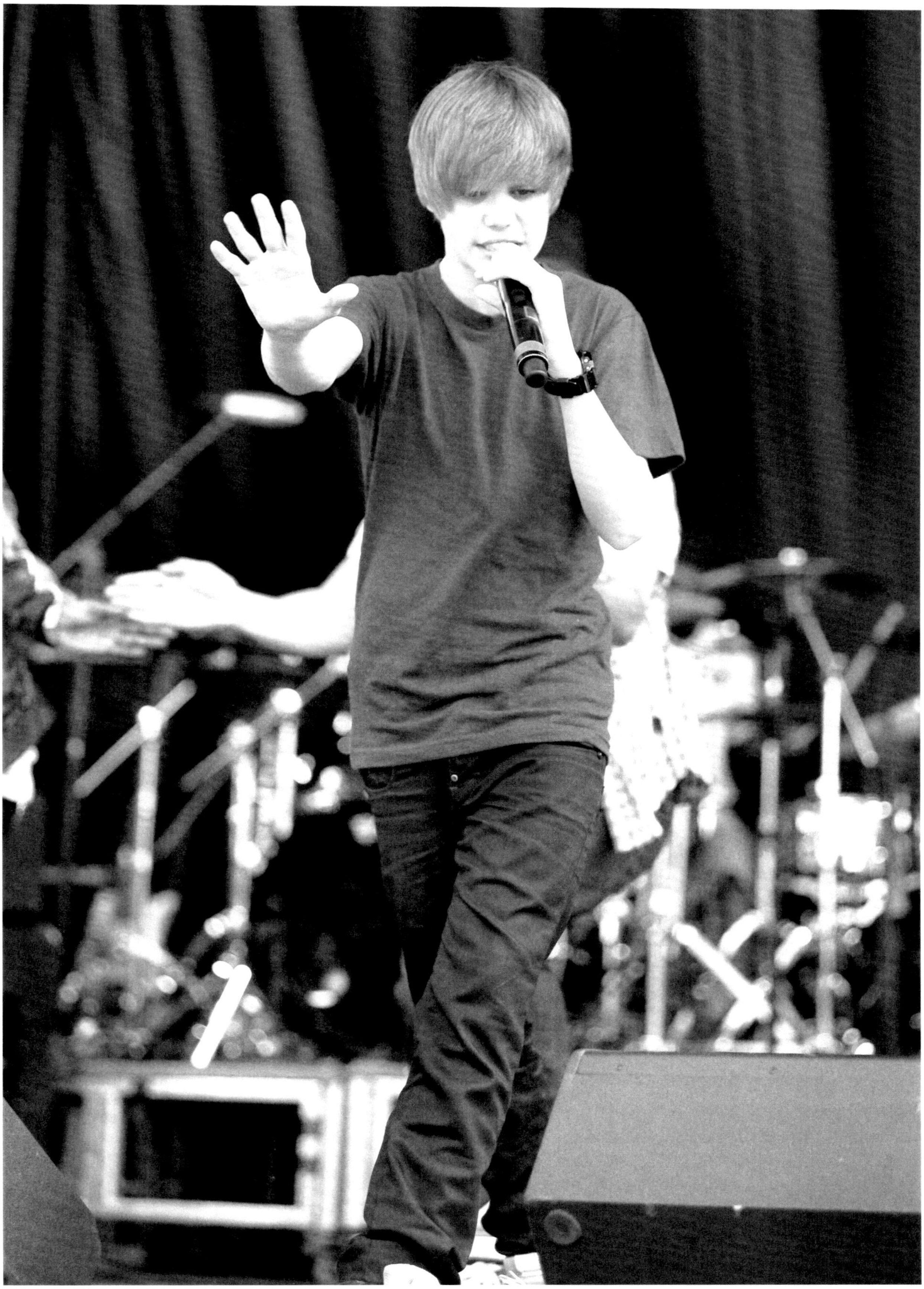

© Persen Verlag

Justin Bieber – Welcher Star ist das?

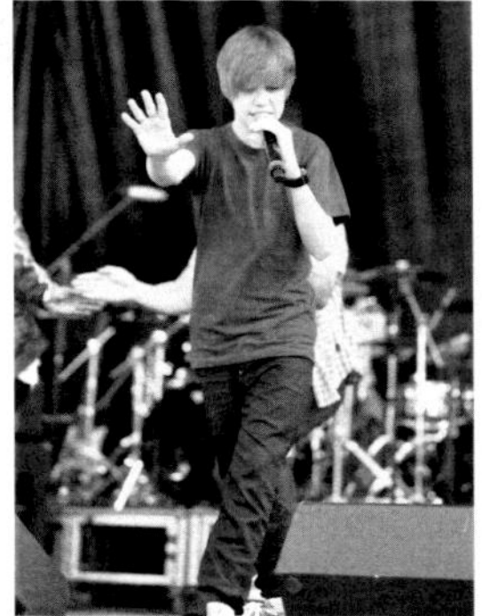

Der Popsänger und Songwriter Justin Bieber, Spitzname „Justy“ oder „JBiebs“, wurde am 1. März 1994 in Kanada geboren. Seine Mutter Malette war zur Zeit seiner Geburt 18 Jahre alt. Als Justin zehn Monate alt war, trennten sich die Eltern und die Mutter zog ihn alleine in ärmlichen Verhältnissen auf. Justin Bieber hat väterlicherseits einen deutschen Großvater, der nach Kanada gezogen war. Daher kommt der deutsch klingende Nachname.

Während der Grundschulzeit interessierte sich Justin Bieber außer für Musik auch für Schach, Fußball und Eishockey. In der Grund- und auch in der weiterführenden Schule spielte er Eishockey in der Schulmannschaft.

Trompete, Gitarre, Klavier und Schlagzeug brachte er sich selbst bei, weil seine Familie den Musikunterricht nicht bezahlen konnte. Eines seiner großen Vorbilder war Michael Jackson. Durch seinen Vater hatte er aber auch Erfahrungen mit Hard Rock und Heavy Metal. Als Kind wurde Bieber durch einige Auftritte bekannt, die seine Mutter gefilmt hatte und auf You Tube ausstellte. 2009 erschien seine erste Single „One Time“. In demselben Jahr trat er im Weißen Haus beim US-amerikanischen Präsidenten Barack Obama anlässlich einer Fernsehspezialsendung zu Weihnachten auf. Bis 2012 gab Justin Bieber drei Alben heraus: „My World“, „My World 2.0“ und „Believe“. Im Jahre 2011 war Justin Bieber die am häufigsten gesuchte Person in der Suchmaschine „Google“. Biebers bekanntestе Titel, wie „Baby“, „Boyfriend“, „Eeenie Meenie“, „Never Say Never“ und „Live My Live“, sowie seine Popularität brachten ihn 2012 trotz seiner Jugend weltweit auf Platz zehn der Sänger mit dem höchsten Jahreseinkommen.

Beantworte folgende Fragen zum Text in ganzen Sätzen.

1) Wann und wo wurde Justin Bieber geboren?

____

2) Wo kommt sein deutscher Name her?

____

3) Wofür interessierte sich Justin Bieber in seiner Grundschulzeit?

____

4) Welche Musikinstrumente brachte er sich selbst bei?

____

5) Wodurch wurde Justin Bieber als Kind bekannt?

____

6) Wer war eines der großen Vorbilder von Justin Bieber?

____

7) Wie heißen die drei Alben von Justin Bieber?

____

8) Welchen materiellen Erfolg brachten ihm 2012 seine Songs und seine Popularität?

____

© Persen Verlag

Justin Bieber – Lückentext

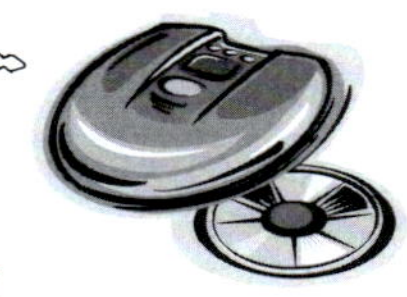

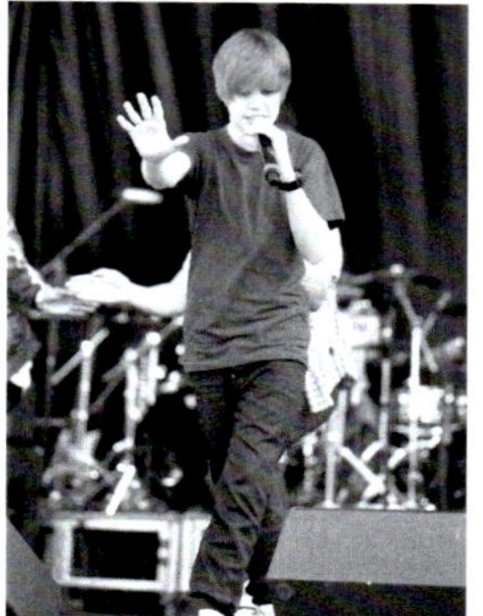

Ergänze die Textlücken mit den Wörtern aus dem Kasten.

Vorbilder – Nachname – Jugend – Eishockey – 18 – Vater – Popularität – Alben – Titel – ärmlichen – You Tube – Suchmaschine – Kanada – Grundschulzeit – Songwriter – selbst – Präsidenten – gefilmt – bezahlen – höchsten – deutschen – Weihnachten

Der Popsänger und ________________ Justin Bieber, Spitzame „Justy" oder „JBiebs", wurde am 1. März 1994 in __________ geboren. Seine Mutter Malette war zur Zeit seiner Geburt ____ Jahre alt. Als Justin zehn Monate alt war, trennten sich die Eltern und die Mutter zog ihn alleine in _______________ Verhältnissen auf. Justin Bieber hat väterlicherseits einen _______________ Großvater, der nach Kanada gezogen war. Daher kommt der deutsch klingende ______________.

Während der ______________________ interessierte sich Justin Bieber außer für Musik auch für Schach, Fußball und _______________. In der Grund- und auch in der weiterführenden Schule spielte er Eishockey in der Schulmannschaft.

Trompete, Gitarre, Klavier und Schlagzeug brachte er sich __________ bei, weil seine Familie den Musikunterricht nicht _____________ konnte. Eines seiner großen ____________ war Michael Jackson. Durch seinen ________ hatte er aber auch Erfahrungen mit Hard Rock und Heavy Metal. Als Kind wurde Bieber durch einige Auftritte bekannt, die seine Mutter ____________ hatte und auf _____ _______ ausstellte. 2009 erschien seine erste Single „One Time". Im selben Jahr trat er im Weißen Haus beim US-amerikanischen ______________ Barack Obama anlässlich einer Fernsehspezialsendung zu __________________ auf. Bis 2012 gab Justin Bieber drei ________ heraus: „My World", „My World 2.0" und „Believe". Im Jahre 2011 war Justin Bieber die am häufigsten gesuchte Person in der _______________ „Google". Biebers bekannteste ________, wie „Baby", „Boyfriend", „Eeenie Meenie", „Never Say Never" und „Live My Live", sowie seine __________________ brachten ihn 2012 trotz seiner __________ weltweit auf Platz zehn der Sänger mit dem _____________ Jahreseinkommen.

© Persen Verlag

Justin Bieber – Steckbrief

Name:

Spitznamen:

Geburtsdatum:

Geburtsort:

Musikstil:

Erlernte Musikinstrumente:

Bekannte Alben:

a)

b)

c)

Bekannte Titel:

Besonderheiten:

Barbara Jaglarz, Georg Bemmerlein: Popstars im Musikunterricht 1
© Persen Verlag

Justin Bieber und Teen Pop

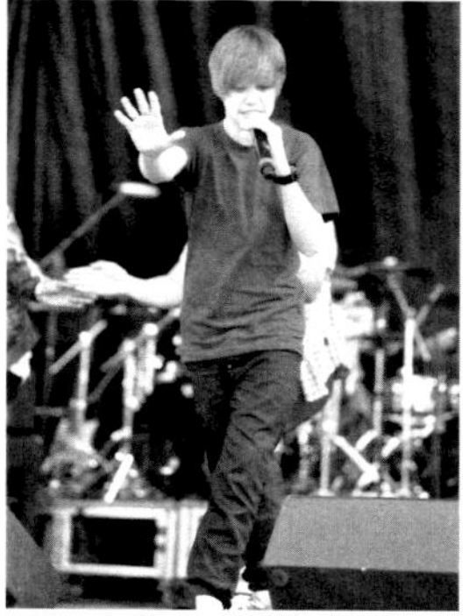

Teen Pop, oftmals auch etwas abfällig „Bubblegum Pop“, also Kaugummi-Pop, genannt, ist die Bezeichnung für eine kinder- und jugendorientierte Popmusik. Sie ist eine Mischung aus Pop, Dance, R&B, Hip-Hop, Country und Rock. Teen Pop begann etwa ab 1980 große Verbreitung zu finden. Vorreiter waren zum Beispiel Michael Jackson und Madonna. Sie hatten durch Teen Pop Songs Erfolg. Um 1990 waren es Mädchen- und Boygroups, wie die „Spice-Girls“ oder „Take That“, die den Teen Pop einer Hauptrichtung der Popmusik machten. Um das Jahr 2000 kamen Teen Popstars wie Britney Spears, Jessica Simpson und Jennifer Lopez dazu. Nach dem Jahr 2000 übernahmen die meisten Popstars Elemente des Teen Pop in ihre Musik.

Es kamen jetzt zahlreiche neue Jungstars hinzu, wie Vanessa Hudgens, Miley Cyrus und auch Justin Bieber. Viele dieser frühen Kinderstars, zum Beispiel Lindsay Lohan und Britney Spears, machten mit zunehmenden Alter durch Skandale auf sich aufmerksam und verloren deutlich an Erfolg und Zustimmung.

Justin Bieber gilt heute durch seine jugendliche Stimme und sein Aussehen als der Prototyp eines weltweit beachteten Teen Pop Jungstars, obwohl der „größte Teenager-Star der Welt“ bereits 2012 erwachsen war. Biebers Erfolg hängt in besonderer Weise mit dem Internet zusammen, dem er unter anderem seine frühe Bekanntheit als Kinderstar verdankte. Facebook meldete 2012 für Bieber über 45 Millionen „Likes“. Im Londoner Wachsfigurenkabinett der Madame Tussaud ist der Sänger mittlerweile ebenfalls präsent.

Aber auch Bieber scheint nach Ansicht vieler Beobachter dem frühen Ruhm zu erliegen. Trotz der Tatsache, dass er seit 2010 weltweit der bestverdienende Teenager-Star ist, häuft er mittlerweile in den Zeitungen viele negative Schlagzeilen an, die beispielsweise Drogenkonsum, achtlosen Umgang mit geschützten Tierarten, Arroganz und Unpünktlichkeit bei Konzertauftritten betreffen. Schon jetzt hat sich Bieber über das Internet und die Presse mehrfach öffentlich entschuldigen müssen.

Überlege und beantworte kurz die folgenden Fragen. Begründe deine Meinung.

1) Justin Bieber begann seine Karriere als ganz gewöhnlicher Teenager. Warum sind deiner Meinung nach so viele Jugendliche von ihm begeistert?

___

___

___

2) Welche Auswirkungen haben deiner Ansicht nach früher Reichtum und Ruhm der Teenager-Künstler auf ihre Persönlichkeit und ihre weitere Entwicklung?

___

___

___

3) Was hältst du von der Behauptung, junge Stars seien durch ihre Popularität besonderen Risiken und Gefahren ausgesetzt?

___

___

___

© Persen Verlag

Justin Bieber – richtig oder falsch?

Welche Mikrofone passen zu Justin Bieber? Male sie gelb an und finde das Lösungswort.

3 - K Opernsänger

11 - A negative Schlagzeilen

5 - K Harfe

14 - E deutscher Großvater

10 - P Girlfriend

12 - L Twitter

2 - T Believe

16 - R Malette

6 - S My World 3.0

13 - G Eishockey

8 - D Brasilien

4 - E 1994

1 - B irische Großmutter

9 - N Kanada

7 - E Teen Pop

15 - O Handball

1	2	3	4	5	6	7	8	9	10	11	12	13	14	15	16

Das Lösungswort lautet: ______________________________

Barbara Jaglarz, Georg Bemmerlein: Popstars im Musikunterricht 1
© Persen Verlag

Justin Bieber – Fankalender

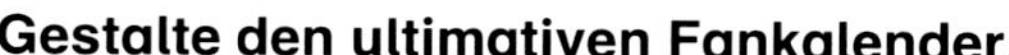

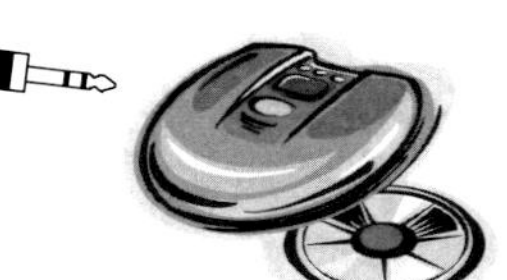

Gestalte den ultimativen Fankalender.

Januar						
1	2	3	4	5	6	7
8	9	10	11	12	13	14
15	16	17	18	19	20	21
22	23	24	25	26	27	28
29	30	31				

Februar						
1	2	3	4	5	6	7
8	9	10	11	12	13	14
15	16	17	18	19	20	21
22	23	24	25	26	27	28
29						

März						
1	2	3	4	5	6	7
8	9	10	11	12	13	14
15	16	17	18	19	20	21
22	23	24	25	26	27	28
29	30	31				

April						
1	2	3	4	5	6	7
8	9	10	11	12	13	14
15	16	17	18	19	20	21
22	23	24	25	26	27	28
29	30					

Mai						
1	2	3	4	5	6	7
8	9	10	11	12	13	14
15	16	17	18	19	20	21
22	23	24	25	26	27	28
29	30	31				

Juni						
1	2	3	4	5	6	7
8	9	10	11	12	13	14
15	16	17	18	19	20	21
22	23	24	25	26	27	28
29	30					

Juli						
1	2	3	4	5	6	7
8	9	10	11	12	13	14
15	16	17	18	19	20	21
22	23	24	25	26	27	28
29	30	31				

August						
1	2	3	4	5	6	7
8	9	10	11	12	13	14
15	16	17	18	19	20	21
22	23	24	25	26	27	28
29	30	31				

September						
1	2	3	4	5	6	7
8	9	10	11	12	13	14
15	16	17	18	19	20	21
22	23	24	25	26	27	28
29	30					

Oktober						
1	2	3	4	5	6	7
8	9	10	11	12	13	14
15	16	17	18	19	20	21
22	23	24	25	26	27	28
29	30	31				

November						
1	2	3	4	5	6	7
8	9	10	11	12	13	14
15	16	17	18	19	20	21
22	23	24	25	26	27	28
29	30					

Dezember						
1	2	3	4	5	6	7
8	9	10	11	12	13	14
15	16	17	18	19	20	21
22	23	24	25	26	27	28
29	30	31				

© Persen Verlag

Justin Bieber – Teste dein Wissen

Name: ____________________

Klasse: __________ Datum: ____________________

Beantworte die Fragen.

1) In welchem Jahr und wo wurde Justin Bieber geboren?

2) Wie alt war seine Mutter zur Zeit seiner Geburt?

3) Wo kommt sein deutsch klingender Name her?

4) Wofür interessierte sich Justin Bieber während seiner Grundschulzeit? Nenne zwei Beispiele.

5) Welche Musikinstrumente brachte er sich selbst bei? Nenne drei Beispiele.

6) Mit welchen Musikstilen machte er Erfahrungen durch seinen Vater?

7) Was machte Justins Mutter mit seinen Auftritten als Kind?

8) Wer war eines seiner großen Vorbilder?

9) Welchen materiellen Erfolg brachten ihm 2012 seine Songs und seine Popularität ein?

10) Nenne fünf bekannte Titel von Justin Bieber.

© Persen Verlag

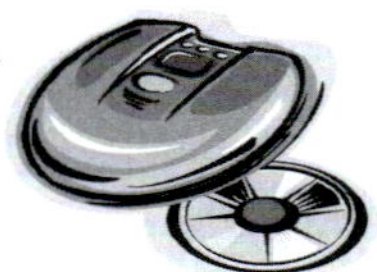

Culcha Candela

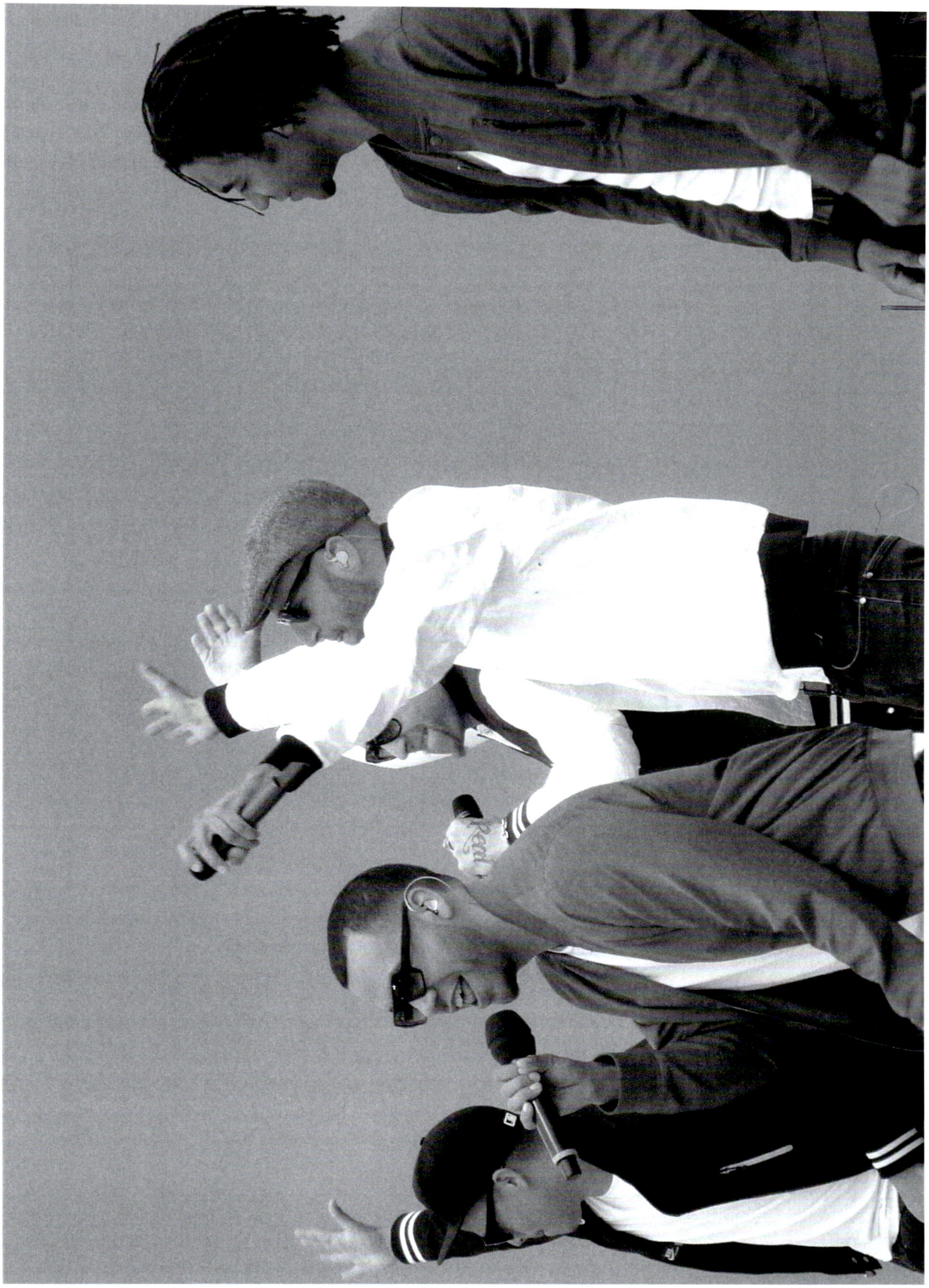

© Persen Verlag

Culcha Candela – Welche Stars sind das?

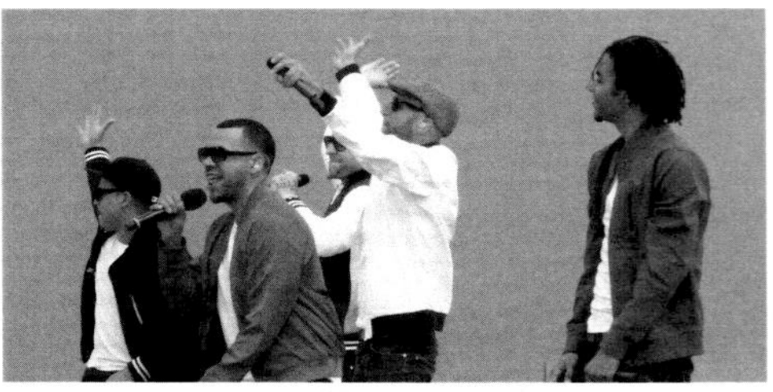

Culcha Candela ist eine aus Berlin stammende Musikgruppe. Der Name bedeutet auf Deutsch „heiße Kultur“. Sie ist aus Sängern unterschiedlicher ethnischer Herkunft zusammengesetzt. Die Gruppe wurde 2001 von den drei Sängern Johnny Strange, Itchyban und Lafrotino gegründet. Später stießen noch die Musiker Larsito und Don Cali sowie Mr. Redoo und DJ Chino zu der Band. Lafrotino verließ 2010 jedoch Culcha Candela wieder. Die Bandmitglieder haben ihre Wurzeln in Korea, Polen, Uganda, Kolumbien wie auch in Deutschland, wo sie alle aufgewachsen sind. Die unterschiedlichen Wurzeln der Sänger spiegelt sich in der Musik der Gruppe wieder: Dancehall, Reggae und Hip-Hop. Die Sänger singen bzw. rappen in den Sprachen Englisch, Deutsch, Spanisch und Patois. Patois oder Patwah ist eine in Jamaika, Costa Rica und Panama gesprochene Sprache, in der viele Reggaemusiker singen. 2004 entstand das erste Album „Union Verdadera“, das auf Anhieb in die deutschen Charts kam. 2005 folgte das Album „Next Generation“, 2007 das Album „Culcha Candela“, dessen Hit „Hamma!“ sechs Wochen auf Platz 1 der deutschen Charts rangierte. 2006 arbeitete die Band an der kostenlosen Anti-Nazi-DVD „Kein Bock auf Nazis“ mit. Das Album „Schöne neue Welt“ blieb 2011 über ein Jahr lang in den deutschen Charts und erreichte in Deutschland Platin. Allein aus diesem Album wurden vier Songs erfolgreich als Singles ausgekoppelt und veröffentlicht. Das fünfte Album „Flätrate“ kam Ende 2011 auf den Markt. Seit 2005 tourt die Band erfolgreich im deutschsprachigen Raum, aber auch in Mittelamerika. In vielen der Songs setzt sich die Gruppe mit dem Problem der schnelllebigen Gesellschaft, in der nichts mehr einen festen Wert hat, auseinander. Andere bekannte Titel von Culcha Candela sind „Monsta“, „Hungry Eyes“, „Move it“, „Wildes Ding“ und „Von allein“.

Beantworte folgende Fragen zum Text in ganzen Sätzen.

1) Aus welcher Stadt kommt Culcha Candela?

____

2) Was bedeutet „Culcha Candela“?

____

3) Welche Musikstile pflegt die Gruppe?

____

4) In welchen Sprachen singen die aus verschiedenen Ländern stammenden Sänger?

____

5) Welche Alben sind bisher erschienen?

____

6) Für welches Album bekamen sie 2011 Platin?

____

7) An welcher DVD arbeitete Culcha Candela 2006 mit?

____

8) Welches Problem behandelt Culcha Candela in vielen ihrer Songs?

____

© Persen Verlag

Culcha Candela – Lückentext

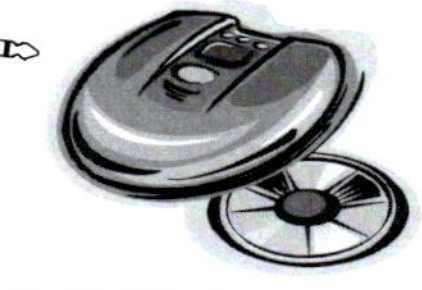

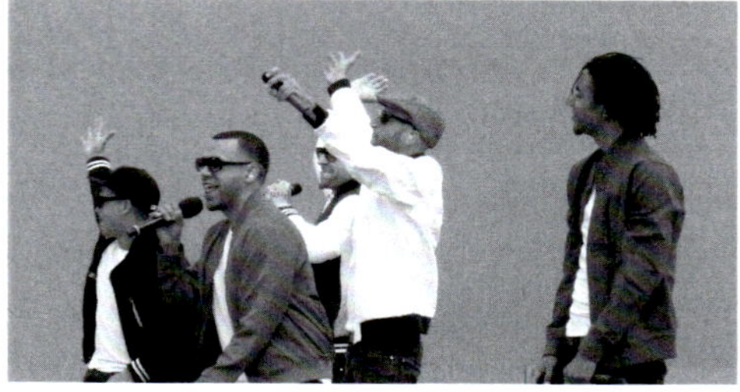

Ergänze die Textlücken mit den Wörtern aus dem Kasten.

Gesellschaft – Wurzeln – Charts – 2004 – gesprochene – Titel – tourt – stießen – singen – Wert – Album – vier – ethnischer Herkunft – Platin – „heiße Kultur“ – kostenlosen – rappen – Berlin – verließ – 2001 – Mittelamerika – folgte

Culcha Candela ist eine aus ____________ stammende Musikgruppe. Der Name bedeutet auf Deutsch _________________________. Sie ist aus Sängern unterschiedlicher _______________ zusammengesetzt. Die Gruppe wurde _________ von den drei Sängern Johnny Strange, Itchyban und Lafrotino gegründet. Später ______________ noch die Musiker Larsito und Don Cali sowie Mr. Redoo und DJ Chino zu der Band. Lafrotino ______________2010 jedoch Culcha Candela wieder. Die Bandmitglieder haben ihre Wurzeln in Korea, Polen, Uganda, Kolumbien wie auch in Deutschland, wo sie alle aufgewachsen sind. Die unterschiedlichen ________________________ der Sänger spiegelt sich in der Musik der Gruppe wieder: Dancehall, Reggae und Hip-Hop. Die Sänger ____________ bzw. ____________ in den Sprachen Englisch, Deutsch, Spanisch und Patois. Patois oder Patwah ist eine in Jamaika, Costa Rica und Panama ____________________ Sprache, in der viele Reggae-Musiker singen. ________entstand das erste __________ „Union Verdadera“, das auf Anhieb in die deutschen Charts kam. 2005 __________ das Album „Next Generation“, 2007 das Album „Culcha Candela“, dessen Hit „Hamma!“ sechs Wochen auf Platz 1 der deutschen Charts rangierte. 2006 arbeitete die Band an der ______________________ Anti-Nazi-DVD „Kein Bock auf Nazis“ mit. Das Album „Schöne neue Welt“ blieb 2011 über ein Jahr lang in den deutschen ____________ und erreichte in Deutschland____________. Allein aus diesem Album wurden ________ Songs erfolgreich als Singles ausgekoppelt und veröffentlicht. Das fünfte Album „Flätrate“ kam Ende 2011 auf den Markt. Seit 2005 __________ die Band erfolgreich im deutschsprachigen Raum, aber auch in __________________. In vielen der Songs setzt sich die Gruppe mit dem Problem der schnelllebigen ____________________________, in der nichts mehr einen festen _______________hat, auseinander. Andere bekannte __________ von Culcha Candela sind „Monsta“, „Hungry Eyes“, „Move it“, „Wildes Ding“ und „Von allein“.

© Persen Verlag

Culcha Candela – Steckbrief

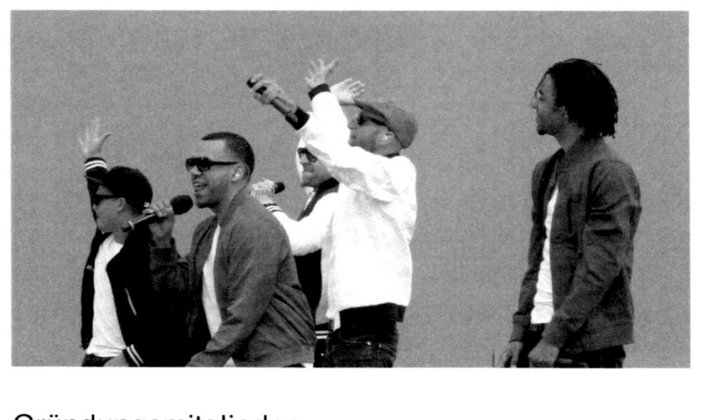

Name: ______________________

Bedeutung des Namens:

____

____

Gründungsjahr: ______________________

Gründungsmitglieder:

a) ______________________

b) ______________________

c) ______________________

Ethnische Wurzeln der Band:

____

____

____

Musikstile:

____

____

Aktuelle Besetzung:

a) ______________________

b) ______________________

c) ______________________

d) ______________________

e) ______________________

f) ______________________

g) ______________________

Das erste Album:

____

Bekannte Titel:

____

____

Besonderheiten:

____

____

____

© Persen Verlag

Culcha Candela und Rap

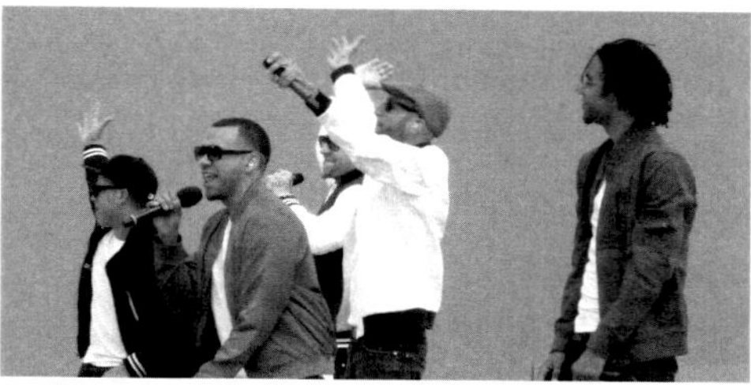

Rap entstand zur Zeit der 1970er-Jahre in den afroamerikanischen Gettos der US-amerikanischen Großstädte. Es handelt sich um einen rhythmisch-melodischen Sprechgesang. Er ist Teil der Kultur des Hip-Hop. Wichtiger als die Melodie sind Rhythmus und Text. In den Raptexten geht es um das schwierige Leben und die Probleme der Menschen, die in den Gettos leben. Ungerechte soziale und politische Verhältnisse werden kritisiert. Mittlerweile wird in vielen Ländern in der jeweiligen Muttersprache gerappt. In Europa wird vor allem in Frankreich über die Probleme in den gettoähnlichen Pariser Vorstädten gerappt. Aber auch in Großbritannien, Deutschland, Russland, Italien, Polen und Österreich wurde Rap immer beliebter. Die Themen von Culcha Candela handeln von den Menschen in den deutschen Großstädten, vor allem in Berlin. Die Gruppe engagiert sich gegen Nazis, wendet sich gegen Drogenkonsum und engagiert sich für die Gesundheit von Schülern zusammen mit Krankenkassen und Schulen.

Es gibt verschiedene Reimtechniken, die Rapper beim Erstellen ihrer Texte benutzen. Der häufigste Reim ist der Endreim. Dabei reimen sich von einer Textzeile (Vers) die beiden letzten Silben (klingender Reim) oder nur die letzte Silbe (stumpfer Reim).

Also:	mein – dein – kein – sein – Stein – rein – Bein – fein usw.	(stumpf)
Oder:	nannte – rannte – kannte – Bande – Lande – spannte usw.	(klingend)

Reimen sich zwei Zeilen, heißt das Paarreim, mehrere gleichreimende Zeilen ergeben einen Haufenreim.

Natürlich musst du auch auf den gleichen, der Sprechmelodie angepassten Rhythmus in den Versen achten (Takt). Am leichtesten ist der Wechsel von betonter und unbetonter Silbe mit drei oder vier Betonungen in der Zeile.

Also z. B.:	x x x x Ich rappe hier und reime gut	(unbetont – betont)
Oder:	x x x x Keinen Rap mit schlechten Reimen	(betont – unbetont)

Erweitere den Reim unten um einige Reimpaare zu einem kleinen Raptext.

x x x x
Ferien aus, ich hab' null Bock,

x x x x
lieber am Computer zock'

© Persen Verlag

Culcha Candela – richtig oder falsch?

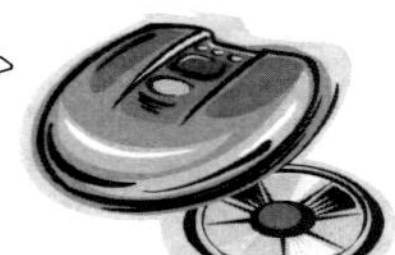

Welche Stichwörter passen nicht zu Culcha Candela? Streiche die entsprechenden Felder durch. Die übrigen Felder ergeben die Lösung.

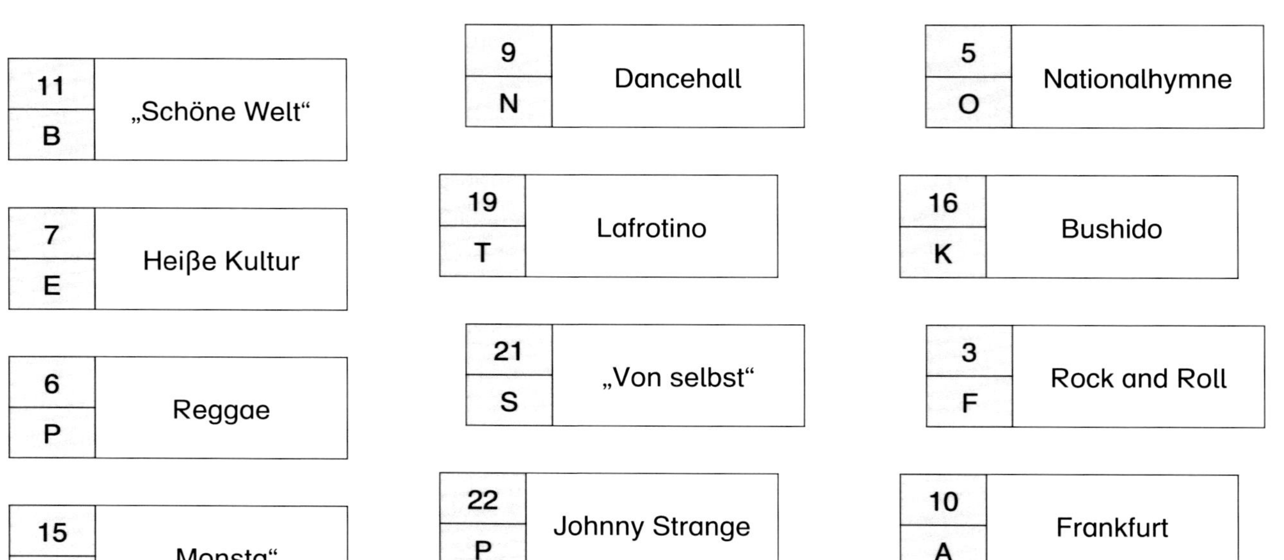

Nr.	Buchstabe	Stichwort
11	B	„Schöne Welt“
7	E	Heiße Kultur
6	P	Reggae
15	C	„Monsta“
9	N	Dancehall
19	T	Lafrotino
21	S	„Von selbst“
22	P	Johnny Strange
5	O	Nationalhymne
16	K	Bushido
3	F	Rock and Roll
10	A	Frankfurt

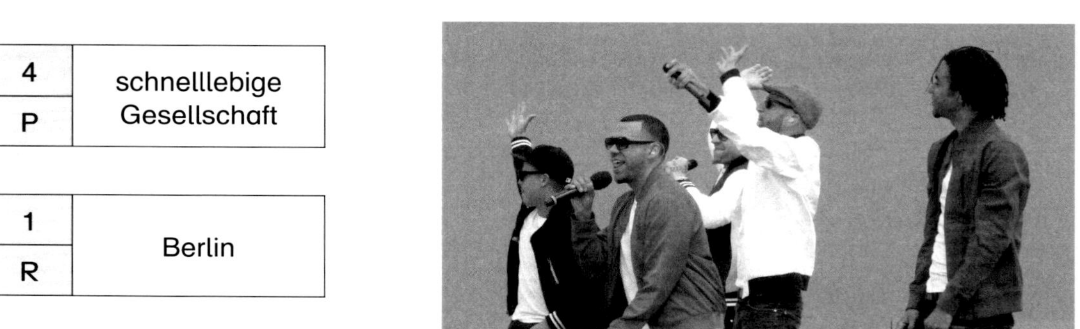

Nr.	Buchstabe	Stichwort
4	P	schnelllebige Gesellschaft
1	R	Berlin

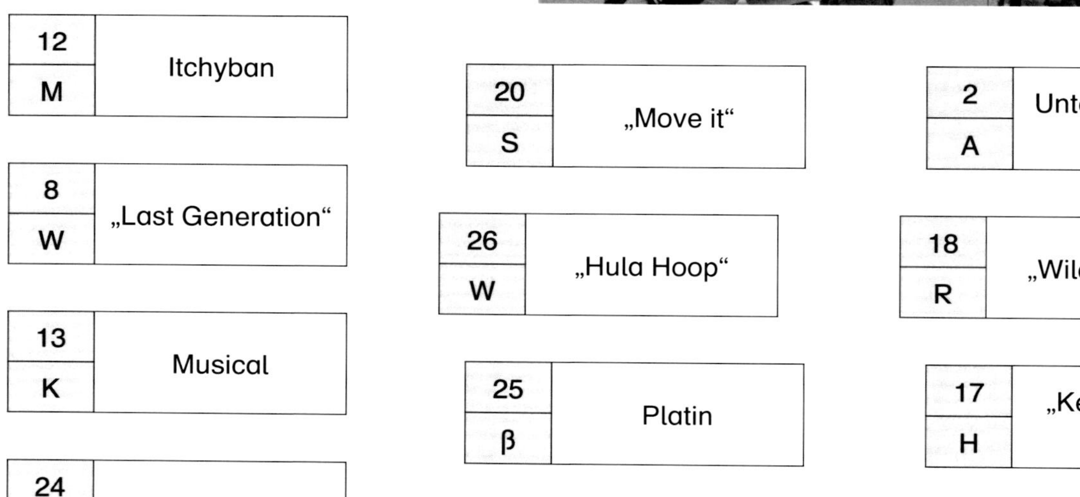

Nr.	Buchstabe	Stichwort
12	M	Itchyban
8	W	„Last Generation“
13	K	Musical
24	A	Hip-Hop
20	S	„Move it“
26	W	„Hula Hoop“
25	ß	Platin
14	A	„Flätrate“
2	A	Unterschiedliche Herkunft
18	R	„Wildes Kind“
17	H	„Kein Bock auf Nazis“
23	D	„Hungry Cat“

Das Lösungswort:

1	2	3	4	5	6	7	8	9	10	11	12	13	14	15	16	17	18	19	20	21	22	23	24	25	26

© Persen Verlag

Culcha Candela – Fan-Kaffeepott

Gestalte den ultimativen Kaffeepott für Culcha Candela-Fans.

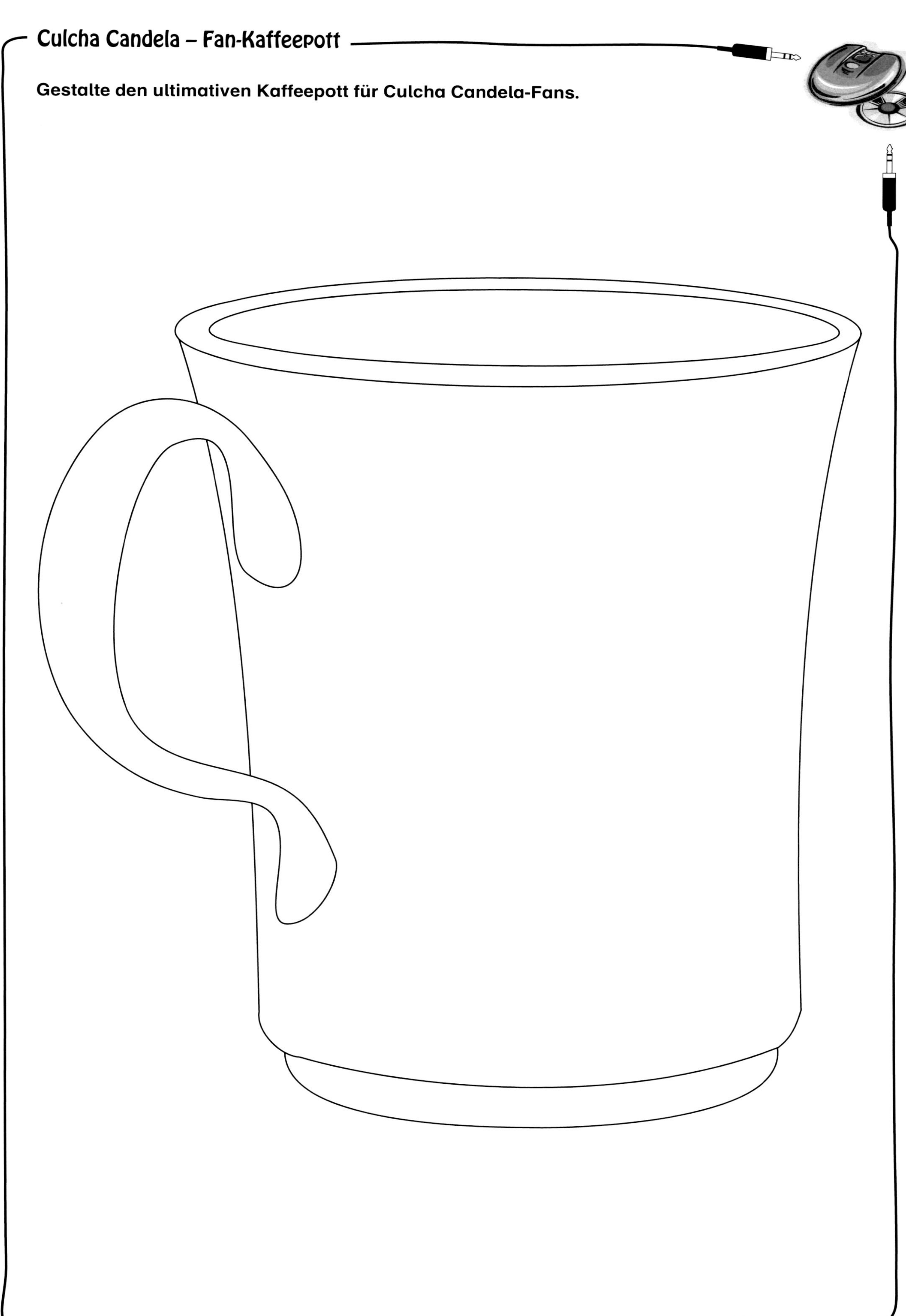

Culcha Candela – Teste dein Wissen

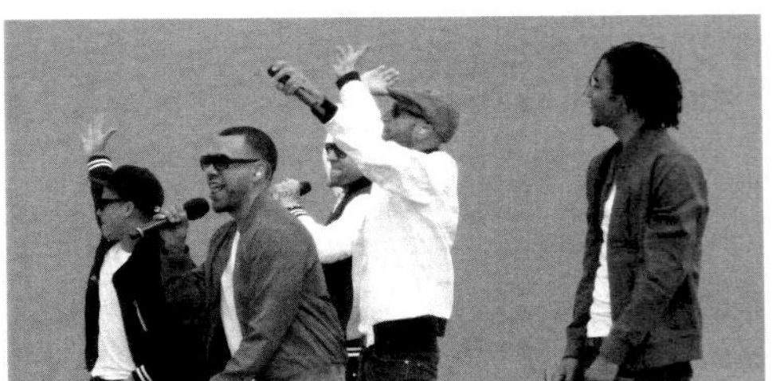

Name: ______________________________

Klasse: __________ Datum: ______________________

Beantworte die Fragen.

1) Wann wurde Culcha Candela gegründet?

____

2) Aus welcher Stadt stammt die Musikgruppe?

____

3) Was bedeutet „Culcha Candela"?

____

4) Welche Musikstile pflegt die Gruppe? Nenne drei Beispiele.

____

5) In welchen Sprachen singen die aus verschiedenen Ländern stammenden Sänger? Nenne drei Beispiele.

____

____

6) Wie heißt das erste Album von Culcha Candela aus dem Jahr 2004?

____

7) An welcher besonderen DVD arbeitete Culcha Candela 2006 mit?

____

8) Für welches Album bekamen sie 2011 Platin?

____

9) Mit welchem Problem setzt sich Culcha Candela in vielen ihrer Songs auseinander?

____

10) Nenne fünf bekannte Titel von Culcha Candela.

____

____

____

Barbara Jaglarz, Georg Bemmerlein: Popstars im Musikunterricht 1
© Persen Verlag

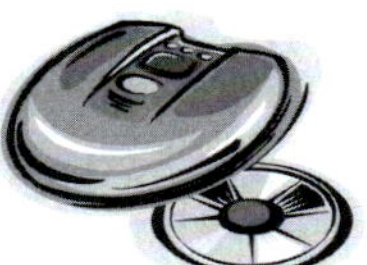

Rihanna

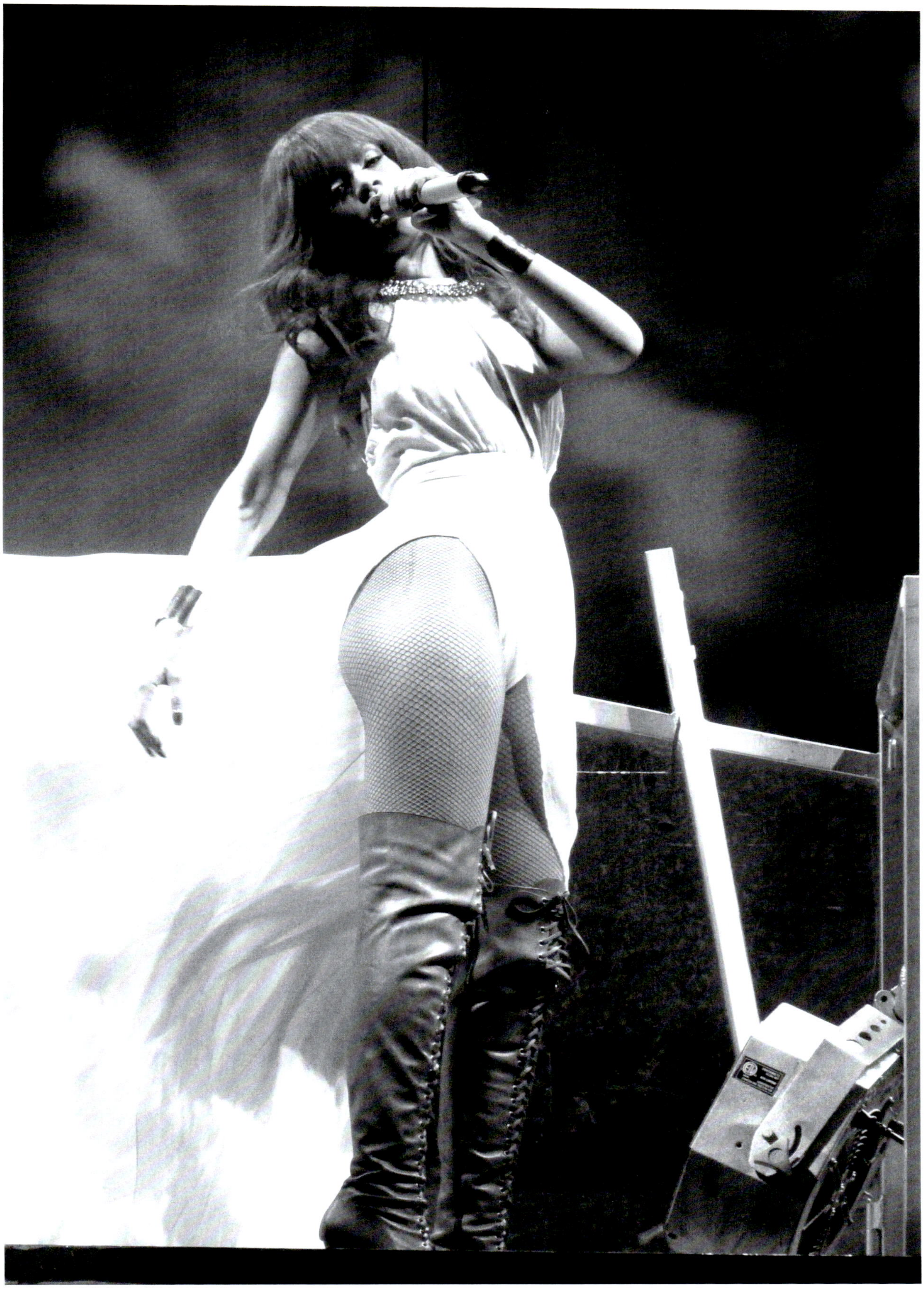

© Persen Verlag

Rihanna – Welcher Star ist das?

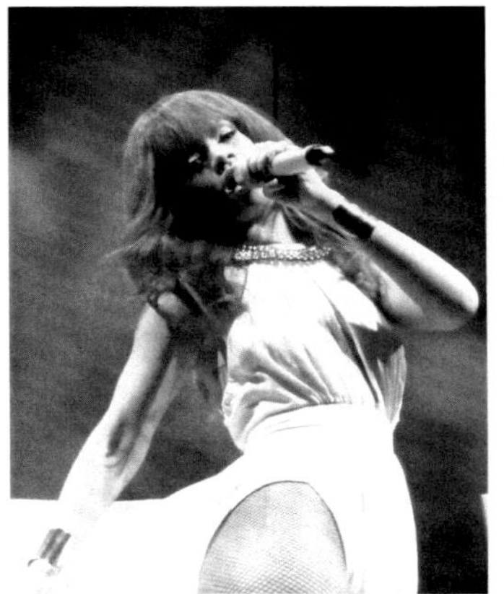

Rihanna wurde am 20. Februar 1988 als Robyn Rihanna Fenty in Saint Michael auf der Karibikinsel Barbados geboren. Die Mutter ist Buchhalterin, der Vater Lagerarbeiter. Rihanna hat zwei Brüder und vier weitere Halbgeschwister. 2002 ließen sich die Eltern scheiden. Als Fünfzehnjährige gründete sie eine Mädchenband, die mit selbst komponierten Songs in Jugendklubs und Kirchen auftrat. Dabei wurde sie von einem US-amerikanischen Musikproduzenten entdeckt, der auf der Insel Barbados Urlaub machte. Sie pendelte mit 16 Jahren zwischen den USA, wo sie Demoaufnahmen machte, und Barbados, wo sie noch zur Schule ging. Im Jahr 2005 bekam Rihanna den ersten Plattenvertrag in den USA. Im gleichen Jahr erreichte schon ihre erste Single „Pon de Replay“ in 16 Ländern die Top Ten. Zahlreiche Hits wie zum Beispiel „Umbrella“, „SOS“, „Don't Stop The Music“, „Disturbia“ „Unfaithful“, „California King Bed“, „Who'sThat Chick“, „Diamonds“ und viele andere folgten. Rihannas Musikstil vereint Reggae und Dancehall, R&B, Pop und Hip-Hop. Rihanna gewann in den ersten sechs Jahren ihrer Karriere bereits vier Grammys und zahlreiche andere Preise. Bis zum Jahr 2011 absolvierte sie vier Welttourneen. Die attraktive Sängerin erhielt mehrere Schönheitspreise und wirbt für Kosmetika und Bekleidung, auch als Filmschauspielerin trat sie in Erscheinung. Rihanna ist bekannt für ihre sozialen Aktivitäten. Sie engagiert sich seit Jahren für krebskranke Kinder, wirbt für Ziele der UNICEF und war an Wohltätigkeitsveranstaltungen für die Opfer aller großen Naturkatastrophen der Jahre 2010 und 2011 beteiligt. Obwohl Rihanna erst 23 Jahre alt war, wurde auf Barbados ihr zu Ehren der 21. Februar zum „Rihanna Day“ erklärt.

Beantworte folgende Fragen zum Text in ganzen Sätzen.

1) Wie heißt Rihanna mit ganzem Namen?

____

2) Wann und wo wurde sie geboren?

____

3) Was machen ihre Eltern beruflich?

____

4) Was gründete Rihanna mit 15 Jahren?

____

5) Von wem wurde Rihanna entdeckt?

____

6) Welche bekannten Titel singt Rihanna?

____

7) Welche Musikstile verwendet sie?

____

8) Für welche sozialen Aktivitäten ist Rihanna bekannt?

____

© Persen Verlag

Rihanna – Lückentext

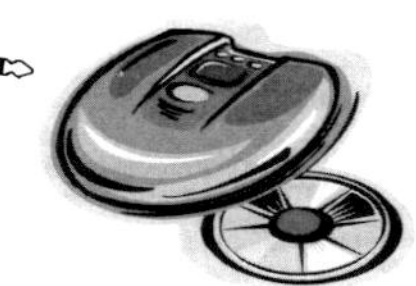

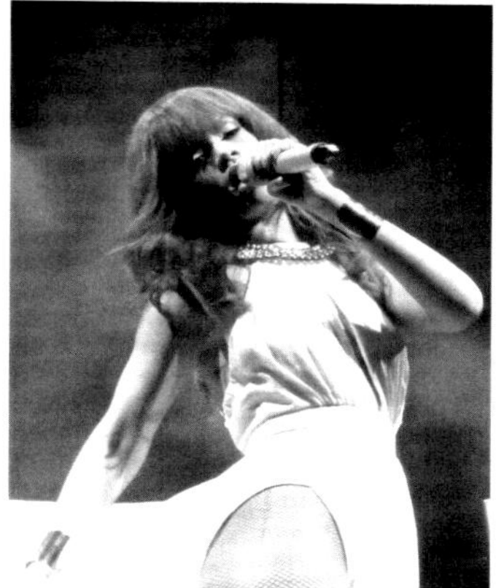

Ergänze die Textlücken mit den Wörtern aus dem Kasten.

Hits – attraktive – Plattenvertrag – US-amerikanischen – trat – Grammys – Top Ten – wirbt – zwei. Buchhalterin – pendelte – Opfer – Mädchenband – gewann – Ehren – Welttourneen – Barbados – vier – Aktivitäten – engagiert sich – Musikstil – Demoaufnahmen

Rihanna wurde am 20. Februar 1988 als Robyn Rihanna Fenty in Saint Michael auf der Karibikinsel ______________ geboren. Die Mutter ist ______________, der Vater Lagerarbeiter. Rihanna hat ________ Brüder und ________ weitere Halbgeschwister. 2002 ließen sich die Eltern scheiden. Als Fünfzehnjährige gründete sie eine ______________, die mit selbst komponierten Songs in Jugendklubs und Kirchen auftrat. Dabei wurde sie von einem ______________ Musikproduzenten entdeckt, der auf der Insel Barbados Urlaub machte. Sie ____________ mit 16 Jahren zwischen den USA, wo sie ______________ machte, und Barbados, wo sie noch zur Schule ging. Im Jahr 2005 später bekam Rihanna den ersten ______________ in den USA. Im gleichen Jahr erreichte schon ihre erste Single „Pon de Replay“ in 16 Ländern die____________. Zahlreiche __________ wie z. B. „Umbrella“, „SOS“, „Don't Stop The Music“, „Disturbia“, „Unfaithful“, „California King Bed“, „Who's That Chick“, „Diamonds“ und viele andere folgten.

Rihannas ______________ vereint Reggae und Dancehall, R&B, Pop und Hip-Hop. Rihanna __________ in den ersten sechs Jahren ihrer Karriere bereits vier ____________ und zahlreiche andere Preise. Bis zum Jahr 2011 absolvierte sie vier ______________.

Die ______________ Sängerin erhielt mehrere Schönheitspreise und wirbt für Kosmetika und Bekleidung. Auch als Filmschauspielerin _____ sie in Erscheinung. Rihanna ist bekannt für ihre sozialen ______________. Sie ______________ seit Jahren für krebskranke Kinder, __________ für Ziele der UNICEF und war an Wohltätigkeitsveranstaltungen für die __________ aller großen Naturkatastrophen der Jahre 2010 und 2011 beteiligt. Obwohl Rihanna erst 23 Jahre alt war, wurde auf Barbados ihr zu __________ der 21. Februar zum „Rihanna Day“ erklärt.

© Persen Verlag

Rihanna – Steckbrief

Künstlername: ____________________

Voller Name: ____________________

Geburtsdatum: ____________________

Geburtsort: ____________________

Musikstile:

Erster Plattenvertrag:

Die erste Single:

Bekannte Titel:

Besonderheiten:

© Persen Verlag

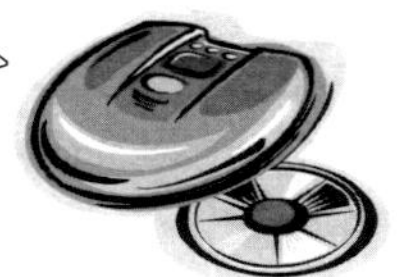

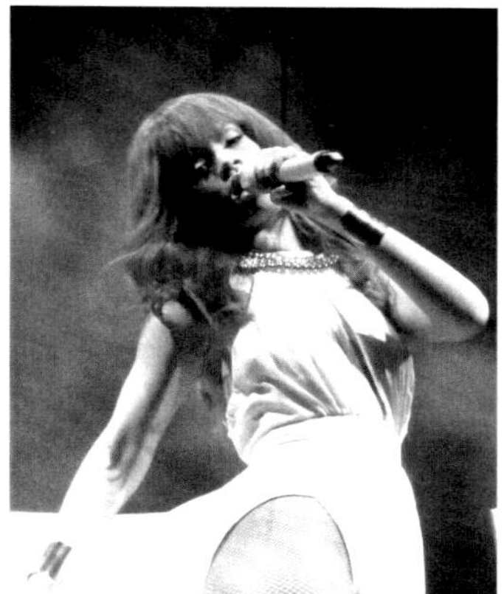

Reggae und Dancehall: jamaikanische Musikstile in der Musik Rihannas

Die Jamaikanerin Rihanna vermischt Pop-Musik mit jamaikanischen Musikrichtungen, vor allem Reggae und Dancehall. Reggae entwickelte sich vor 1970 in Jamaika. Zu dieser Zeit vermischten sich US-amerikanische Musikstile mit älterer jamaikanischer Unterhaltungs- und Volksmusik. Reggae – woher der Name kommt ist umstritten – wurde schließlich zur inseltypischen Tanzmusik. 1968 machte Desmond Dekkers Hit „The Israelites" den Reggae weltweit bekannt. Der berühmteste Reggae-Sänger war Bob Marley, der 1981 starb. Rihanna gilt als große Verehrerin Marleys. Aus dem Reggae entwickelten jamaikanische Discjockeys in Verbindung mit dem US-amerikanischen Hip-Hop eine melodische Technik des Sprechgesangs, der als Dancehall bezeichnet wird.

Karibische Musikinstrumente: Steel Pan, Conga, Bongo, Claves und Glocken

Die „Steel Pan" entstand, als die britischen Kolonialherren ihren Sklaven die Benutzung von Holztrommeln verboten. Die Sklaven verwendeten daraufhin leere Eisenfässer als Trommeln, die sie später zu einem raffinierten, typisch karibischen Musikinstrument weiterentwickelten. Bongos und Congas sind fassförmige Holztrommeln mit Rindslederfell, das ähnlich wie europäische Trommeln bzw. Pauken gespannt wird. Congas sind bis zu einem Meter hohe Standtrommeln. Sie werden mit den Händen gespielt. Die Bongo ist eine wesentlich kleinere, ca. 30 cm hohe Zwillingstrommel. Bongos haben einen hohen, kräftigen Klang und werden mit den Fingern sehr schnell gespielt. Claves sind ca. 30 cm lange Hartholzstäbe, die beim Zusammenschlagen einen hohen, kräftigen Ton erzeugen. Sie geben in der karibischen Musik oft den Grundrhythmus an. Glocken sind handgroße flache Metallglocken, die auf der flachen Hand als Rhythmusinstrumente mit einem Holzstab angeschlagen werden.

Lies die folgenden Sätze und trage die richtigen Instrumente in die Kästen ein.

Musikinstrumente, die beim Zusammenschlagen einen hohen, kräftigen Ton erzeugen.	
Dieses Instrument ist bis zu einem Meter hoch.	
Es ist ein typisch karibisches Musikinstrument.	
Es wird mit den Fingern sehr schnell gespielt.	
Das Instrument wird mit einem Holzstab angeschlagen.	

© Persen Verlag

Rihanna – richtig oder falsch?

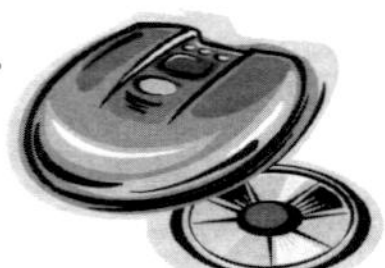

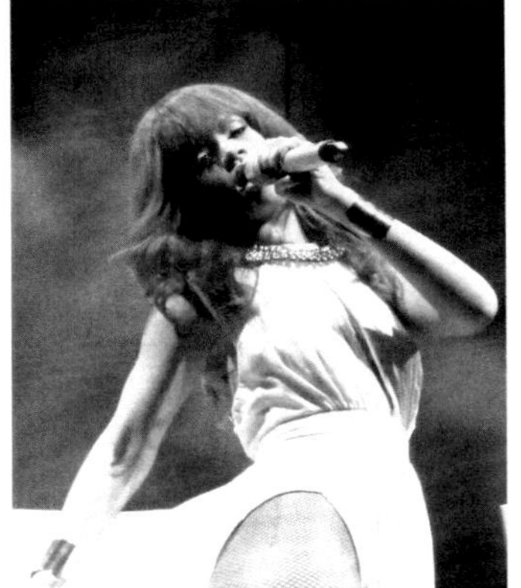

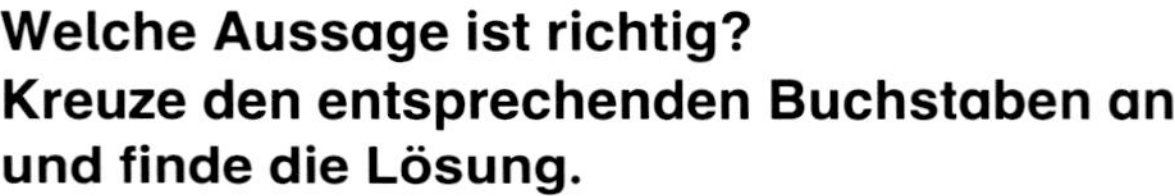

Welche Aussage ist richtig?
Kreuze den entsprechenden Buchstaben an und finde die Lösung.

		richtig	falsch
1)	Rihanna bekam ihren ersten Plattenvertrag auf Barbados.	D	S
2)	Mit 13 gründete sie eine Mädchenband.	I	C
3)	Der 21. Februar ist auf Barbados „Rihanna Day“.	H	E
4)	Rihannas Mutter war Buchhalterin.	Ö	M
5)	Rihanna ist eine bekannte Country-Sängerin.	O	N
6)	Sie engagiert sich für krebskranke Kinder.	H	D
7)	Steel Pan, Conga, Bongo und Claves sind japanische Musikinstrumente.	A	E
8)	Sie hat zwei Schwestern und vier weitere Halbgeschwister.	N	I
9)	Auf Barbados ging Rihanna in die Schule.	T	S
10)	Sie wurde von einem englischen Musikproduzenten entdeckt	H	S
11)	Reggae und Dancehall sind jamaikanische Musikstile.	P	O
12)	Ihr Musikstil vereint Reggae, Dancehall, Pop, Hip-Hop und R&B.	R	W
13)	Die attraktive Sängerin wirbt für Kosmetika und Bekleidung.	E	T
14)	Sie war leider noch nie auf einer Welttournee.	O	I
15)	Rihannas Vater war Musiker.	B	S
16)	Rihanna wirbt auch für Ziele der UNICEF.	E	T

Das Lösungswort:
Die nimmt jede Frau gerne an:

1	2	3	4	5	6	7	8	9	10	11	12	13	14	15	16

© Persen Verlag

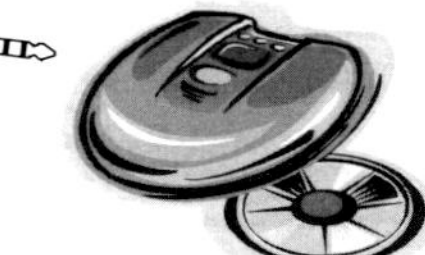

Schreibe ein Festprogramm für den „Rihanna Day“ am 21. Februar auf der Insel Barbados. Berücksichtige Uhrzeit, Ort, Künstler und verschiedene Kunstrichtungen. Vergiss auch Rihannas soziale Bestrebungen nicht.

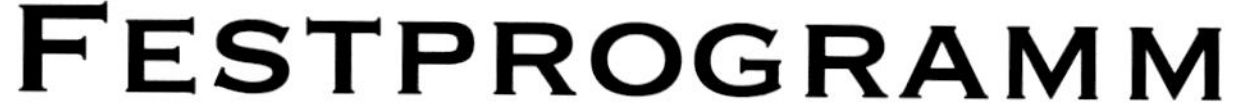

für den „Rihanna Day“ am 21. Februar

© Persen Verlag

Gestalte die ultimativen „Rihanna-Congas".

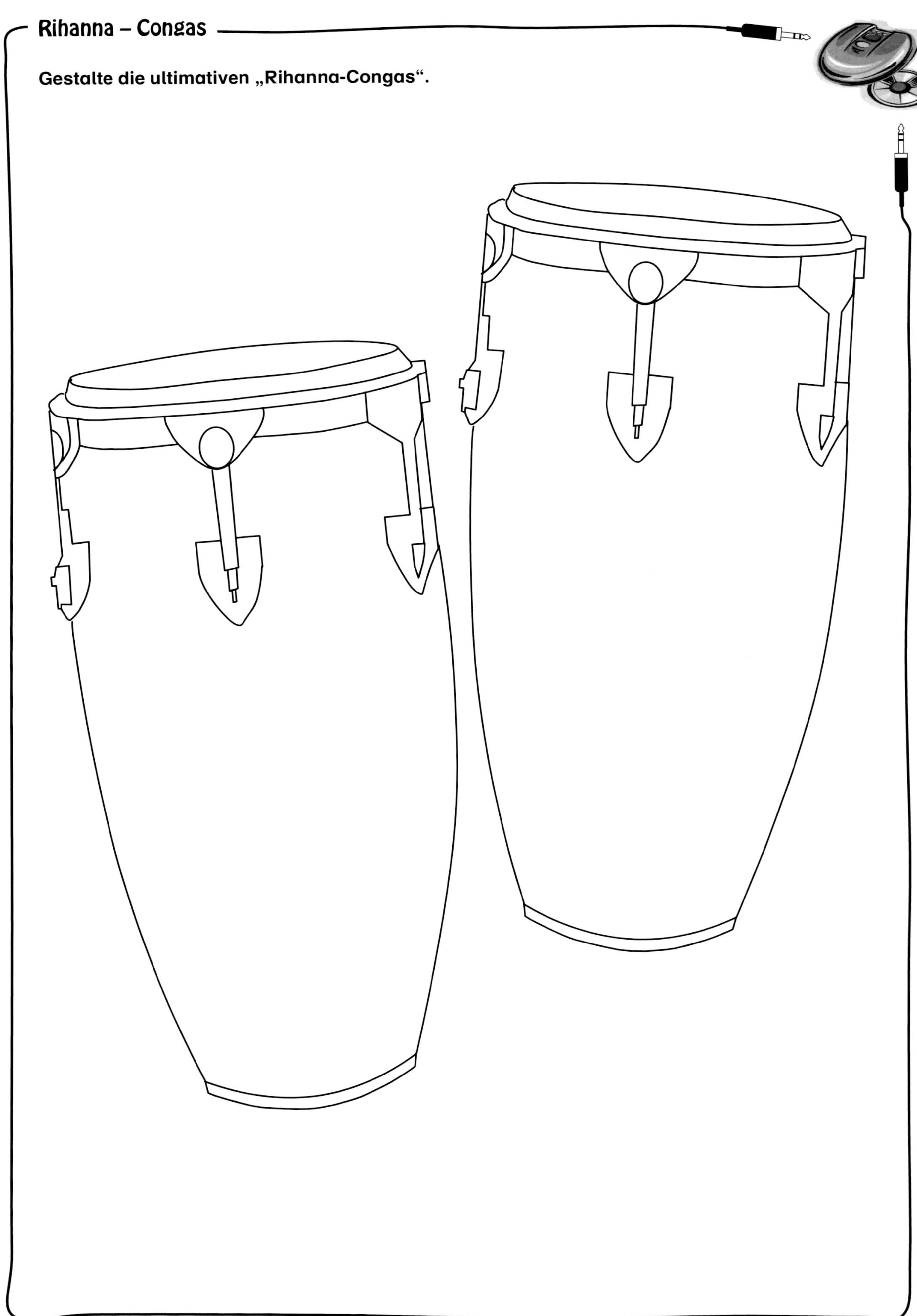

© Persen Verlag

Rihanna – Teste dein Wissen

Name: ______________________________

Klasse: __________ Datum: ______________________

Beantworte die Fragen.

1) In welchem Jahr wurde Rihanna geboren?

____

2) Von welcher Insel stammt sie?

____

3) Welche Musikgruppe gründete Rihanna mit 15 Jahren?

____

4) Wer entdeckte Rihanna und förderte sie?

____

5) Wo bekam sie ihren ersten Plattenvertrag?

____

6) Welche Musikstile vereint Rihanna in ihrem eigenen Stil?

____

7) Wie viele Grammys erhielt sie in den ersten sechs Jahren ihrer Karriere?

____

8) Wodurch ist Rihanna sonst bekannt? Nenne zwei Beispiele.

____

____

9) Welches Fest feiern die Menschen auf Barbados am 21. Februar?

____

10) Nenne fünf bekannte Titel von Rihanna.

____

____

____

____

© Persen Verlag

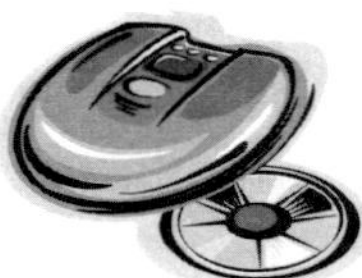

Lady Gaga

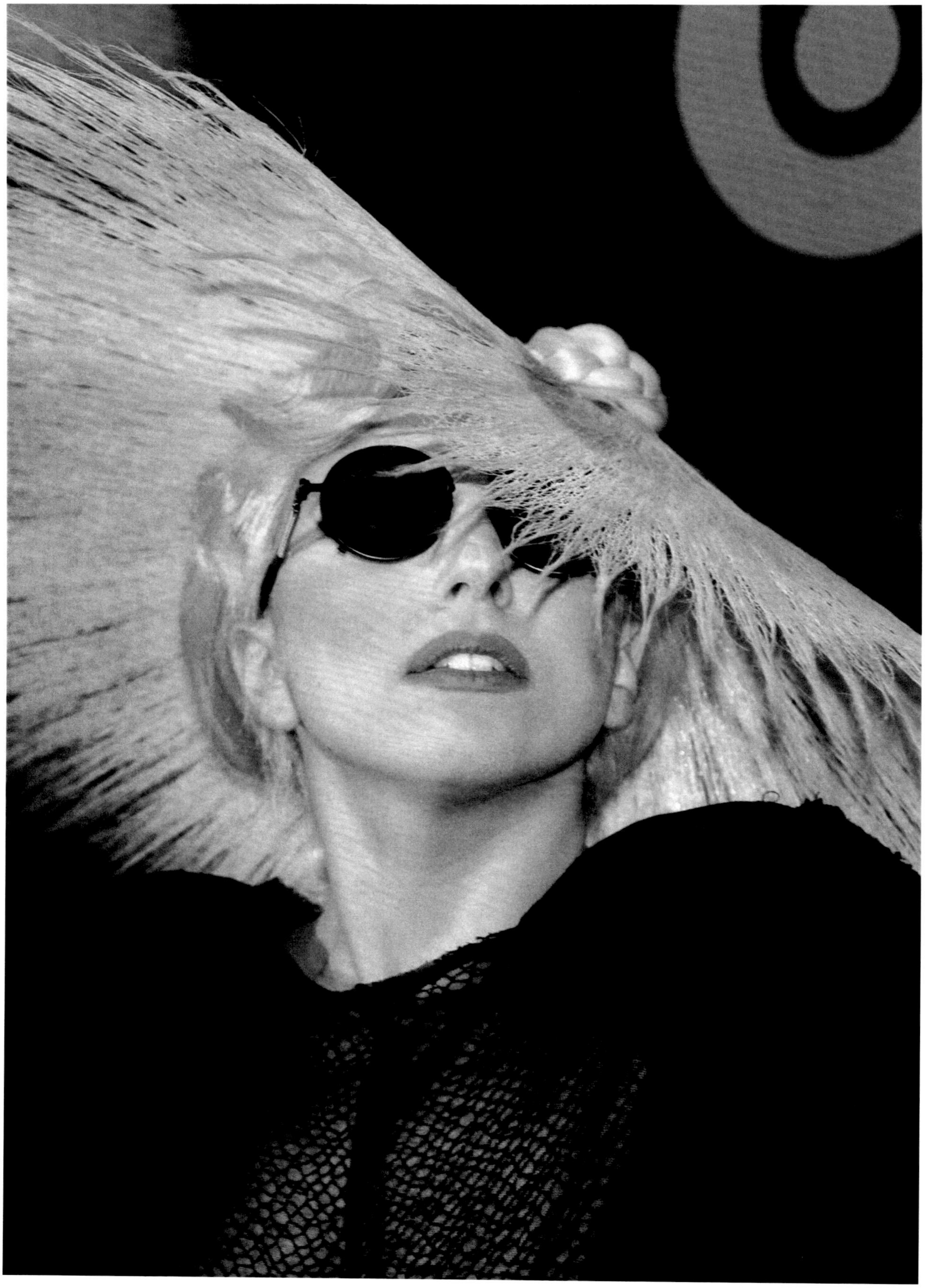

© Persen Verlag

Lady Gaga – Welcher Star ist das?

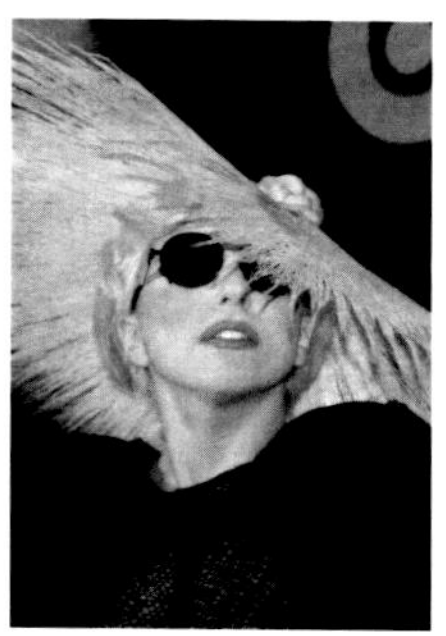

Eine der bekanntesten US-amerikanischen Popsängerinnen ist „Lady Gaga“. Sie heißt mit bürgerlichem Namen Stefani Joanne Angelina Germanotta. Am 23. März 1986 kam sie in New York zur Welt. Den Künstlernamen „Lady Gaga“ leitete die Sängerin von dem Queen-Song „Radio Ga Ga“ ab, da sie die Gruppe „Queen“ und ihren Leadsänger Freddy Mercury sehr bewunderte. Lady Gagas Familie ist nicht wohlhabend. Der Vater arbeitet als Internet-Unternehmer, während die Mutter in der Telekommunikationsbranche tätig ist. Ihre Tochter begann schon im Kindesalter mit dem Klavierspiel und komponierte als Jugendliche eigene Lieder. In der High School trat sie erfolgreich in Musical-Hauptrollen auf. Sie galt nicht nur als begabt, sondern auch als engagiert und fleißig. Mit 17 Jahren durfte sie mittels einer Ausnahmegenehmigung vorzeitig ein Musikstudium an der Tisch School of Arts der New York University beginnen, eine der größten amerikanischen Musikhochschulen. Als Achtzehnjährige zog sie zu Hause aus, woraufhin ihre Eltern ihr die finanzielle Unterstützung verweigerten. Sie arbeitete nun neben dem Studium, um Geld zu verdienen. Nach vier Semestern verließ Lady Gaga die Hochschule. Sie bekam jetzt ihre ersten Verträge und wollte sich ganz auf ihre musikalische Karriere konzentrieren. Anfänglich komponierte sie Lieder für Britney Spears, Pussycat Dolls und andere Stars und wurde dadurch bekannt. Der große Durchbruch kam 2008, als sie nach Los Angeles zog. Ihre dort produzierten Alben und Singles wie „Just Dance“, „Poker Face“, „Bad Romance“, „The Fame“ und „Born this Way“ waren sehr erfolgreich. Bis 2011 hatte die Sängerin 45 Millionen Tonträger verkauft und fünf Grammys gewonnen. Die Kleidung für ihre Auftritte entwirft sie oft selbst, je schriller, desto besser. Sie wurde zur Popikone, die mit poppigen Songs, ausgefallenem Look und auffälligem Auftreten die Zuhörer begeistert.

Beantworte folgende Fragen zum Text in ganzen Sätzen.

1) Wie heißt Lady Gaga mit bürgerlichem Namen?

____

2) Woher leitete Lady Gaga ihren Künstlernamen ab?

____

3) Was machen ihre Eltern beruflich?

____

4) Welches Instrument spielte sie im Kindesalter?

____

5) Wie setzte Lady Gaga ihre musikalische Begabung in der High School um?

____

6) Nenne die bekanntesten Songs von Lady Gaga.

____

7) Was und wo durfte sie mit Ausnahmegenehmigung studieren?

____

8) Wodurch fällt Lady Gaga auf der Bühne auf?

____

© Persen Verlag

Lady Gaga – Lückentext

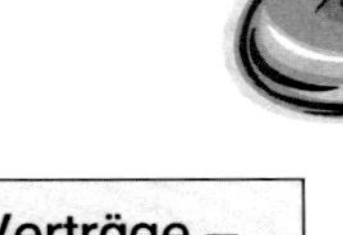

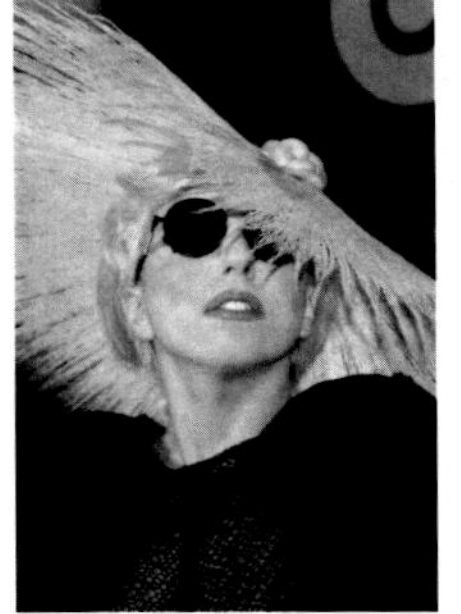

Ergänze die Textlücken mit den Wörtern aus dem Kasten.

Grammys – Musikhochschulen – erfolgreich – Jugendliche – Verträge – fleißig – komponierte – Familie – verließ – New York – Klavierspiel – Durchbruch – Popikone – Look – bewunderte – Achtzehnjährige – engagiert – Musical-Hauptrollen – Popsängerinnen – Musikstudium – Mutter – Queen-Song – bürgerlichem – arbeitet – Karriere

Eine der bekanntesten US-amerikanischen ____________________ ist „Lady Gaga". Sie heißt mit ____________________ Namen Stefani Joanne Angelina Germanotta. Am 23. März 1986 kam sie in ________________ zur Welt. Den Künstlernamen „Lady Gaga" leitete die Sängerin von dem ________________ „Radio Ga Ga" ab, da sie die Gruppe „Queen" und ihren Leadsänger Freddy Mercury sehr ________________. Lady Gaga ________________ ist nicht wohlhabend. Der Vater ________________ als Internet-Unternehmer, während die ____________ in der Telekommunikationsbranche tätig ist. Ihre Tochter begann schon im Kindesalter mit dem ____________________ und komponierte als ____________________ eigene Lieder. In der High School trat sie erfolgreich in ______________________________ auf. Sie galt nicht nur als begabt, sondern auch als ________________ und________________. Mit 17 Jahren durfte sie mittels einer Ausnahmegenehmigung vorzeitig ein ____________________ an der Tisch School of Arts der New York University beginnen, eine der größten amerikanischen ____________________________. Als ________________________ zog sie zu Hause aus, woraufhin ihre Eltern ihr die finanzielle Unterstützung verweigerten. Sie arbeitete nun neben dem Studium, um Geld zu verdienen. Nach vier Semestern ____________ Lady Gaga die Hochschule. Sie bekam jetzt ihre ersten ________________ und wollte sich ganz auf ihre musikalische ________________ konzentrieren. Anfänglich ____________________ sie Lieder für Britney Spears, Pussycat Dolls und andere Stars und wurde dadurch bekannt. Der große ____________________ kam 2008, als sie nach Los Angeles zog. Ihre dort produzierten Alben und Singles wie „Just Dance", „Poker Face", „Bad Romance", „The Fame" und „Born this Way" waren sehr ____________________. Bis 2011 hatte die Sängerin 45 Millionen Tonträger verkauft und fünf ________________ gewonnen. Die Kleidung für ihre Auftritte entwirft sie oft selbst, je schriller, desto besser. Sie wurde zur ________________, die mit poppigen Songs, ausgefallenem ________ und auffälligem Auftreten die Zuhörer begeistert.

© Persen Verlag

Lady Gaga – Steckbrief

Künstlername:

Bürgerlicher Name:

Geburtsdatum:

Geburtsort:

Musikstil:

Erlerntes Musikinstrument:

Besuchte Schulen:

Der große Durchbruch:

Bekannte Titel:

Besonderheiten:

© Persen Verlag

Lady Gaga und der Grammy

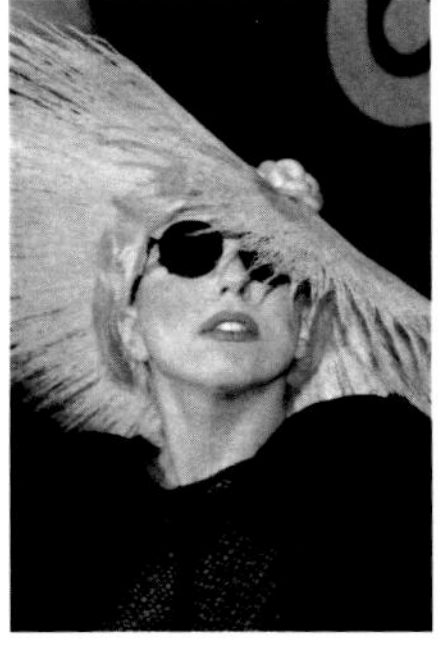

Seit 1959 werden in Los Angeles die Grammy Awards, kurz „Grammys" genannt, von der amerikanischen National Academy of Recording Arts verliehen. Die Bezeichnung Grammy ist eine Koseform des Wortes „Gramophone", was sich auf die Form der verliehenen Trophäe bezieht. Der Preis besteht aus einem goldenen Grammophon auf einem pyramidenförmigen, schwarzen Sockel, der einen Informationstext trägt. Der Grammy entwickelte sich zur weltweit höchsten Auszeichnung für Musik, vergleichbar mit dem Oscar in der Filmwelt.
In 32 verschiedenen Kategorien werden je nach Unterkategorien ein oder mehrere Grammys verliehen. Dabei benennt die Jury für jede Kategorie jeweils fünf Kandidaten. Erst bei der feierlichen Verleihungsgala werden die Sieger unter den Kandidaten bekannt gegeben.
Lady Gaga besitzt bis zum Jahr 2011 fünf Grammys. Allein drei davon wurden ihr bei den Grammy Awards 2011 am 13. Februar verliehen. Zwei in der Kategorie „Pop" für das beste Gesangsalbum („The Fame Monster") und die beste weibliche Gesangsdarbietung („Bad Romance"), einen in der Kategorie „Musikvideo" für das beste Musik-Kurzvideo („Bad Romance").
Lady Gaga nutzte die Preisverleihung für einen besonderen Auftritt: Sie schlüpfte auf der Bühne aus einem großen Ei.

Gibt es wirklich Grammys für alles? Kreuze die richtigen Kategorien an und finde das Lösungswort.

		richtig	falsch
1)	Grammy für das beste Musical-Show-Album	D	H
2)	Grammy für den süßesten Sänger	E	A
3)	Grammy für den Song des Jahres	S	Y
4)	Grammy für die beste weibliche Gesangsdarbietung – Pop	G	W
5)	Grammy für die am schönsten bemalten Musikinstrumente	E	R
6)	Grammy für die schönste männliche Frisur	R	A
7)	Grammy für die beste Dance-Aufnahme	M	K
8)	Grammy für die schönste weibliche Figur	A	M
9)	Grammy für die beste Solodarbietung – Rap	O	N
10)	Grammy für das beste Klassik-Album	P	N
11)	Grammy für die lauteste Stimme	D	H
12)	Grammy für den besten Produzenten des Jahres	O	A
13)	Grammy für den besten Rocksong	N	S

Das Lösungswort:

1	2	3

4	5	6	7	8	9	10	11	12	13

Barbara Jaglarz, Georg Bemmerlein: Popstars im Musikunterricht 1
© Persen Verlag

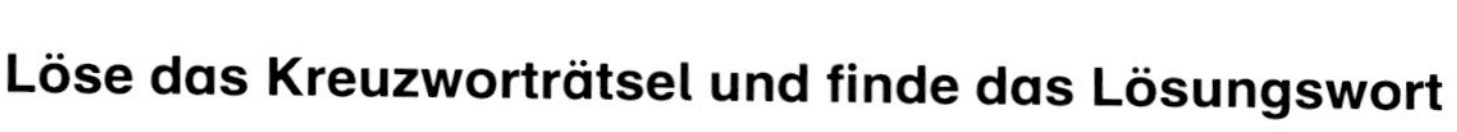

Lady Gaga – Rätsel

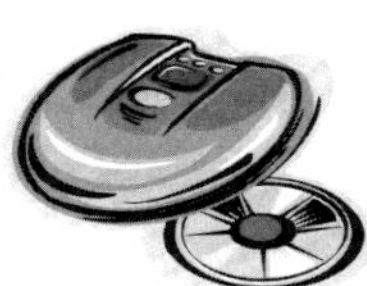

Löse das Kreuzworträtsel und finde das Lösungswort

1 Lady Gaga ist eine bekannte US-amerikanische …
2 Bis 2011 verkaufte Lady Gaga 45 Mio. …
3 Zwei Grammys erhielt sie in den Kategorien …
4 Grammy ist ein Kosename für …
5 In der Schule spielte sie in …
6 Dort kam Lady Gaga auf die Welt.
7 Im Kindesalter spielte sie …
8 Ihre … entwirft sie selbst.
9 Grammy-Kandidaten werden von einer … benannt.
10 Mit ausgefallenem … begeistert sie ihre Zuhörer.
11 Ihr Künstlername stammt von einem Song der Gruppe …
12 Der Grammy ist die weltweit höchste Auszeichnung für …
13 Nach vier Semestern verließ Lady Gaga die …
14 Mit Sondergenehmigung begann sie ihr …
15 Lady Gaga wird als … bezeichnet.
16 Dort werden die Grammys verliehen.

Viele Musikkünstler würden gerne teilnehmen an der:

1	2	3	4	5	6	7	8	9	10	11	12	13	14	15	16

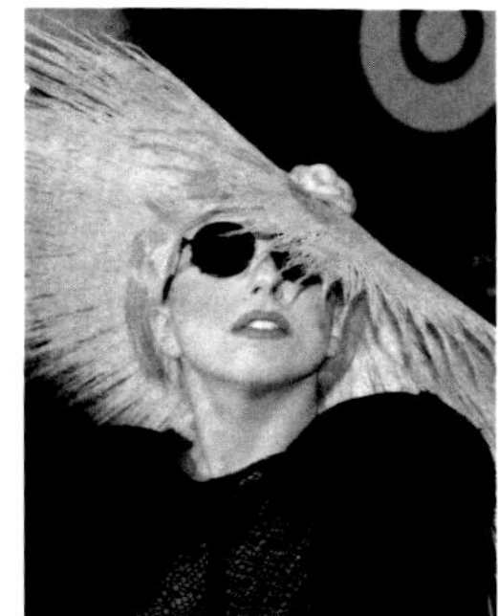

© Persen Verlag

Der Grammy im Lady Gaga-Stil

Gestalte einen ausgefallenen, schrillen Lady Gaga-Grammy als Preis für Popsongs.

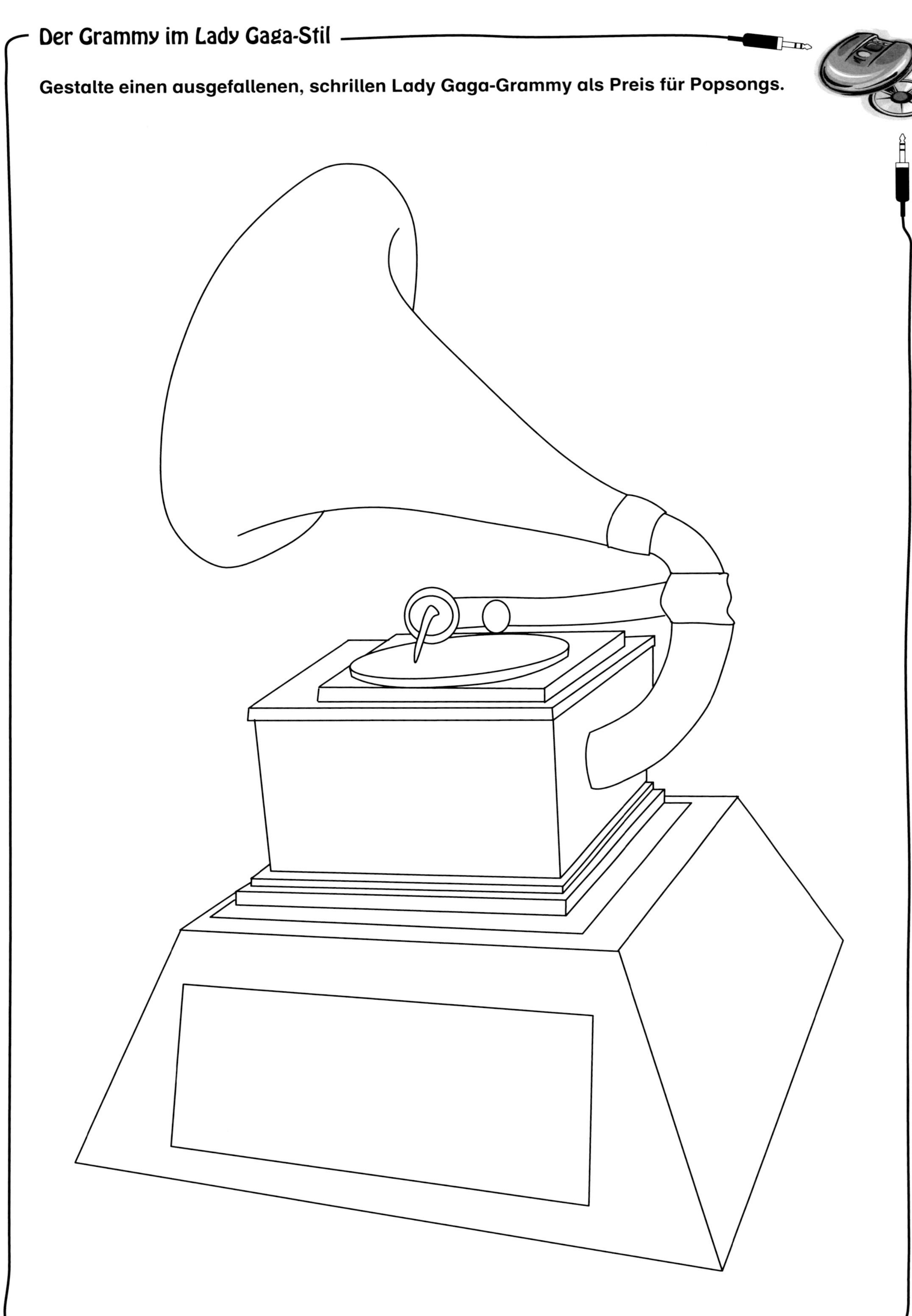

© Persen Verlag

Lady Gaga – Teste dein Wissen

Name: ______________________________

Klasse: ____________ Datum: ______________________

Beantworte die Fragen.

1) Wie heißt Lady Gaga mit bürgerlichem Namen?

____

2) In welchem Jahr und wo wurde sie geboren?

____

3) Woher leitete sie ihren Künstlernamen ab?

____

4) Welches Instrument spielte sie als Kind?

____

5) In welchen Rollen trat sie erfolgreich in der High-School auf?

____

6) Wie reagierten die Eltern, als sie mit 18 Jahren das Haus verließ?

____

7) Durch welche musikalische Tätigkeit wurde Lady Gaga anfänglich bekannt?

____

8) Wodurch fällt Lady Gaga auf der Bühne auf?

____

____

9) Wie viele Grammys gewann sie bis 2011?

____

10) Nenne fünf bekannte Titel von Lady Gaga.

____

____

____

____

© Persen Verlag

DJ Ötzi

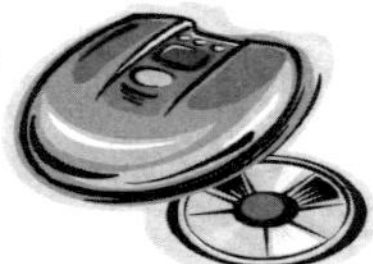

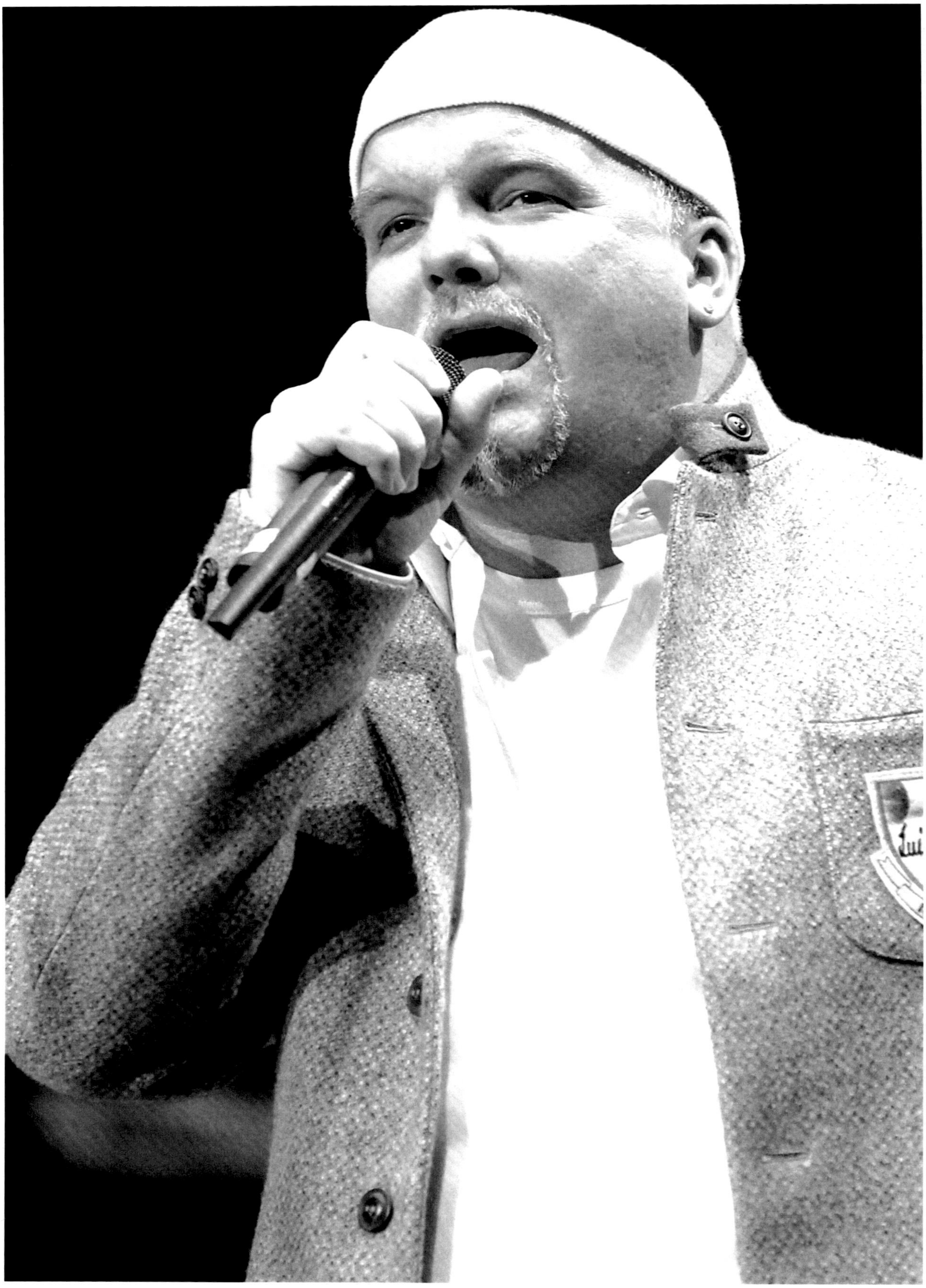

Barbara Jaglarz, Georg Bemmerlein: Popstars im Musikunterricht 1
© Persen Verlag

DJ Ötzi – Welcher Star ist das?

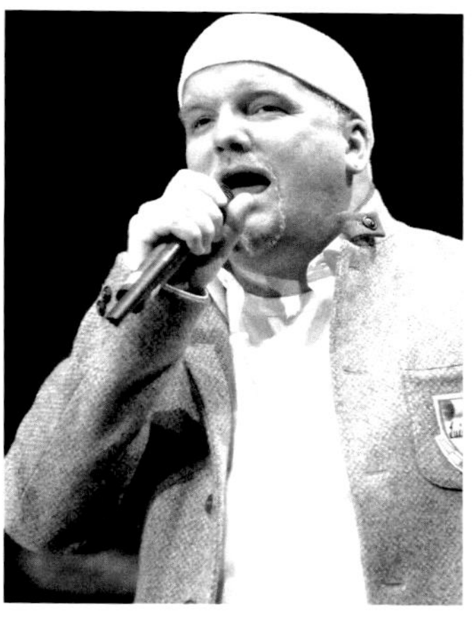

Der Sänger und Entertainer (Unterhaltungskünstler) DJ Ötzi wurde am 7. Januar 1971 in Ötz in Tirol (Österreich) mit dem bürgerlichen Namen Gerhard Friedle geboren. Er wuchs erst bei einer Pflegefamilie, dann bei seiner Großmutter auf. Nach einer Ausbildung zum Koch, die er seiner Oma zu Liebe machte, musste er sich eine Zeit lang sogar mit Obdachlosigkeit abfinden.

Seine Karriere begann in einer Karaokebar, als er einem Mädchen imponieren wollte. Danach stieg er immer öfter auf die Bühne. Später konnte er in Österreich verschiedene Bühnenauftritte und Auftritte als DJ erreichen und so den Weg für seine Karriere ebnen. Als Markenzeichen trägt er bei allen Auftritten eine weiße Wollmütze.

1999 veröffentlichte er den Hit „Anton aus Tirol", der die deutschsprachigen Charts (Hitlisten) im Sturm eroberte. Im Jahr 2000 folgte als zweiter Hit „Hey Baby", herausgebracht in 15 Ländern. Er erreichte die Spitze der Charts unter anderem in Großbritannien, Frankreich und Australien.

Sein späterer Song „Burger Dance" galt als zu einfach und zu konsumorientiert. Er wurde heftig kritisiert, obwohl er im deutschsprachigen Raum die Charts sogleich wieder anführte.

Als er 2007 die Neuaufnahme von „Ein Stern (der deinen Namen trägt)" als Single veröffentlichte, konnte DJ Ötzi im Januar 2008 einen fast 50 Jahre alten Rekord brechen: 37 Wochen hielt sich das Lied in den Top 10 der deutschen Single-Charts. Andere bekannte Titel von ihm sind „Live is life", „Sieben Sünden", „Du bist es" und „Hotel Angel".

Beantworte folgende Fragen zum Text in ganzen Sätzen.

1) Aus welchem Land kommt DJ Ötzi?

___

2) Woher kommt der Name „DJ Ötzi"?

___

3) Wie ist DJ Ötzi aufgewachsen?

___

4) Welche Berufsausbildung hat DJ Ötzi?

___

5) Wie lebte er nach seiner Ausbildung?

___

6) Wie begann seine Karriere?

___

7) Wie hieß sein erster Hit?

___

8) Mit welchem Lied brach DJ Ötzi einen 50 Jahre alten Rekord?

___

© Persen Verlag

DJ Ötzi – Lückentext

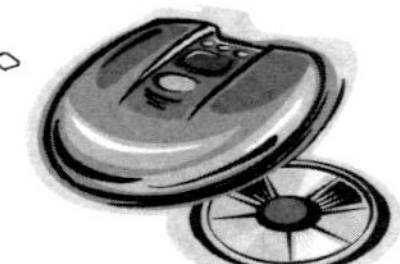

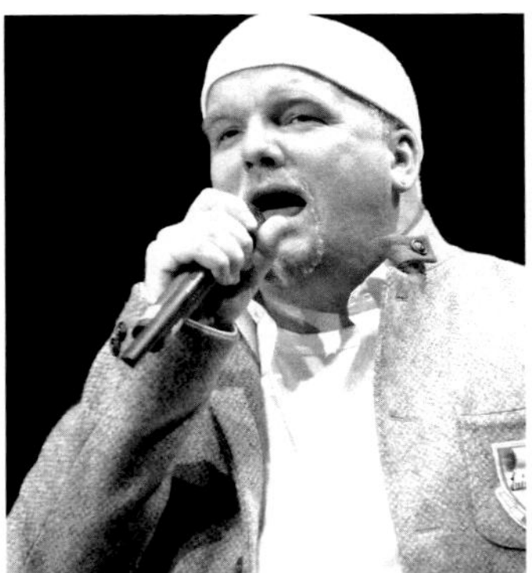

Ergänze die Textlücken mit den Wörtern aus dem Kasten.

Hit – Bühne – Weg – Ländern – Pflegefamilie – Karriere – Spitze – Single – Entertainer – konsumorientiert – Sturm – Ausbildung – Neuaufnahme – Tirol – Auftritte – Wochen – Obdachlosigkeit – Rekord – Frankreich – Karaokebar

Der Sänger und ______________________ (Unterhaltungskünstler) DJ Ötzi wurde am 7. Januar 1971 in Ötz in __________ (Österreich) mit dem bürgerlichen Namen Gerhard Friedle geboren. Er wuchs erst bei einer _________________________, dann bei seiner Großmutter auf. Nach einer ____________________ zum Koch, die er seiner Oma zu Liebe machte, musste er sich eine Zeit lang sogar mit ______________________________ abfinden.

Seine ________________ begann in einer ______________________, als er einem Mädchen imponieren wollte. Danach stieg er immer öfter auf die __________. Später konnte er in Österreich verschiedene Bühnenauftritte und __________________ als DJ erreichen und so den ______ für seine Karriere ebnen. Als Markenzeichen trägt er bei allen Auftritten eine weiße Wollmütze.

Am 1999 veröffentlichte er den ______ „Anton aus Tirol", der die deutschsprachigen Charts (Hitlisten) im __________ eroberte. Als zweiter Hit kam „Hey Baby" im Jahr 2000, herausgebracht in 15______________. Er erreichte die ____________ der Charts unter anderem in Großbritannien, ____________________ und Australien.

Sein späterer Song „Burger Dance" galt als zu einfach und zu __________________________.

Er wurde heftig kritisiert, obwohl er im deutschsprachigen Raum die Charts sogleich wieder anführte.

Als er 2007 die ______________________ von „Ein Stern (der deinen Namen trägt)" als ________________ veröffentlichte, konnte DJ Ötzi im Januar 2008 einen fast 50 Jahre alten ____________ brechen: 37 ____________ hielt sich das Lied in den Top 10 der deutschen Single-Charts. Andere bekannte Titel von ihm sind „Live is life", „Sieben Sünden", „Du bist es" und „Hotel Angel".

Barbara Jaglarz, Georg Bemmerlein: Popstars im Musikunterricht 1
© Persen Verlag

DJ Ötzi – Steckbrief

Künstlername:

Bürgerlicher Name:

Geburtsdatum:

Geburtsort:

Musikstil:

Erster Hit:

Zweiter Hit:

Bekannte Titel:

Besonderheiten:

© Persen Verlag

DJ Ötzi und der Schlager

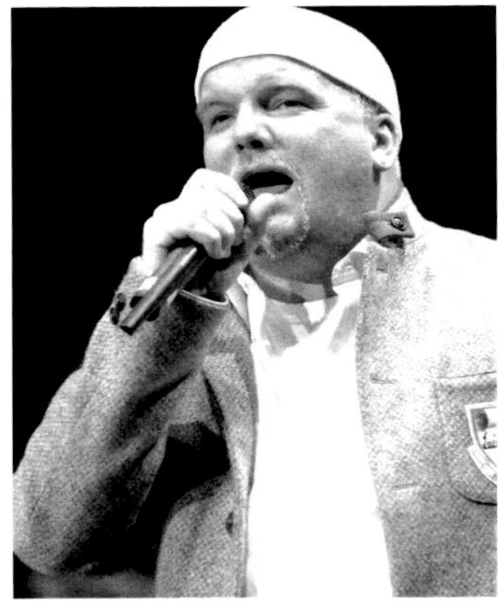

Eine eindeutige Definition des Schlagers gibt es in der Musikwissenschaft nicht. Der Begriff „Schlager" ist eine deutsche Übersetzung des englischen Wortes „Hit" (Treffer, Schlag, Einschlag) und bezeichnet ein Lied, das beim Publikum „durchschlagenden" Erfolg hat.
Typisch für den Schlager sind eine sentimentale, einfache Melodie und ein trivialer Text. Mittlerweile hat der Einfluss der Popmusik die Bedeutung des Wortes „Schlager" verändert. Die Interpreten der neueren Zeit vermischen bei der Produktion von Schlagern nämlich verschiedene Musikrichtungen.
Sehr erfolgreich sind hier Andrea Berg, Helene Fischer und DJ Ötzi, dessen Hit „Ein Stern" sich ca. eine Million Mal verkaufte und in den deutschen Top 100 den Rekord hält.

In dem Suchrätsel sind 25 Schlagersängerinnen und -sänger versteckt. Finde sie.

Tipp: Die Namen haben kein Leerzeichen zwischen Vor- und Nachnamen, sie können waagerecht und senkrecht stehen und auch rückwärts geschrieben sein!

Stefanie Hertel – Hansi Hinterseer – Karel Gott – Claudia Jung – Udo Juergens – Patrick Lindner – Peter Maffay – Stefan Mross – Wencke Myhre – Nicole – Mireille Mathieu – Michelle – Wolfgang Petry – Matthias Reim – Cliff Richard – Andrea Berg – Roy Black – Howard Carpendale – Helene Fischer – Vicky Leandros – Milva – Frank Schoebel – Tony Marshall – Roland Kaiser – DJ Oetzi

R	O	Y	B	L	A	C	K	M	R	H	P	E	D	S	X	T	T	I	X	Z	M	T	V	J
U	E	I	H	T	A	M	E	L	L	E	R	I	M	E	P	W	T	Z	R	S	I	U	H	K
E	G	M	C	E	R	H	Y	M	E	K	C	N	E	W	G	C	O	Z	C	M	C	F	B	P
H	O	W	A	R	D	C	A	R	P	E	N	D	A	L	E	O	G	M	S	S	H	A	O	I
H	E	L	E	N	E	F	I	S	C	H	E	R	D	G	A	G	L	W	M	W	E	V	E	Z
V	G	U	N	J	I	U	D	O	J	U	E	R	G	E	N	S	E	H	R	L	L	L	L	T
P	A	T	R	I	C	K	L	I	N	D	N	E	R	P	Z	J	R	X	N	Y	L	I	O	E
P	E	T	E	R	M	A	F	F	A	Y	I	D	X	G	Q	K	A	N	F	Y	E	M	C	O
G	M	H	A	N	S	I	H	I	N	T	E	R	S	E	E	R	K	F	Q	C	P	R	I	J
C	L	A	U	D	I	A	J	U	N	G	R	O	L	A	N	D	K	A	I	S	E	R	N	D
V	I	C	K	Y	L	E	A	N	D	R	O	S	T	O	N	Y	M	A	R	S	H	A	L	L
C	L	I	F	F	R	I	C	H	A	R	D	X	S	G	C	R	B	S	T	Q	L	R	Z	F
G	R	E	B	A	E	R	D	N	A	W	O	L	F	G	A	N	G	P	E	T	R	Y	C	L
S	T	E	F	A	N	I	E	H	E	R	T	E	L	S	T	E	F	A	N	M	R	O	S	S
M	A	T	T	H	I	A	S	R	E	I	M	F	R	A	N	K	S	C	H	O	E	B	E	L
L	P	D	T	E	R	U	Y	O	Q	Y	Z	L	S	R	A	L	I	V	Z	X	C	M	N	T

Barbara Jaglarz, Georg Bemmerlein: Popstars im Musikunterricht 1
© Persen Verlag

DJ Ötzi – richtig oder falsch?

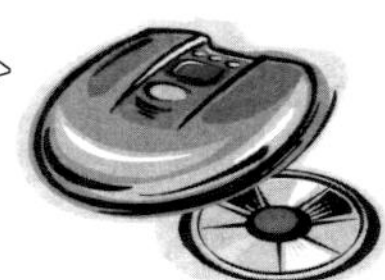

Welche Stichwörter passen nicht zu DJ Ötzi? Streiche die entsprechenden Felder durch. Die übrigen Felder ergeben die Lösung.

- 6 / L – Österreich
- 11 / O – „Josef aus Tirol“

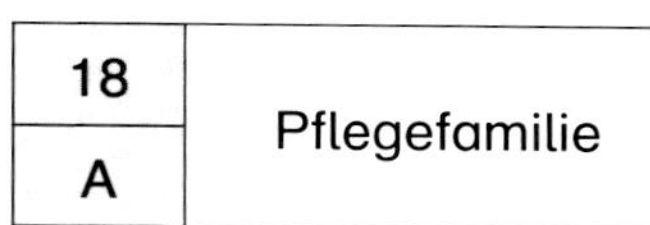

- 18 / A – Pflegefamilie
- 14 / S – Bäcker
- 22 / E – Gerhard Friedle
- 10 / E – Tirol
- 20 / D – Schlager
- 19 / M – Opernsänger
- 7 / K – Krawatte
- 9 / G – Obdachlosigkeit
- 21 / P – Tante
- 3 / H – 1971

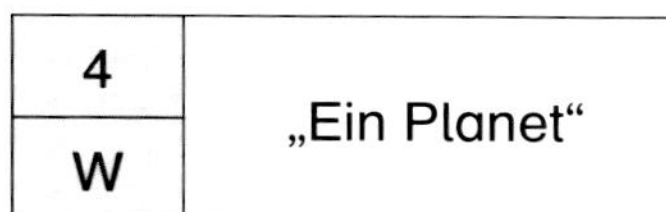

- 4 / W – „Ein Planet“

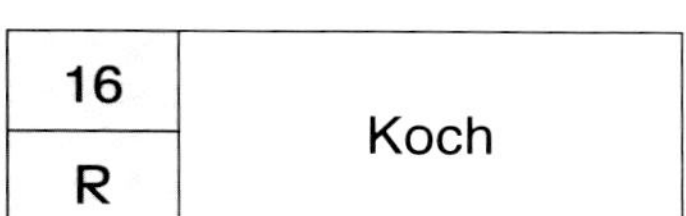

- 16 / R – Koch

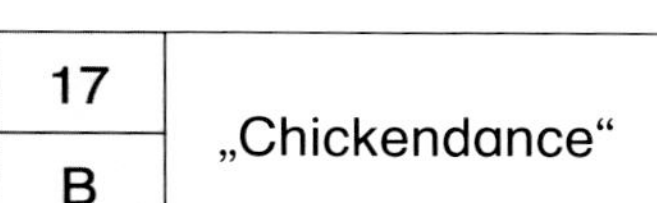

- 17 / B – „Chickendance“

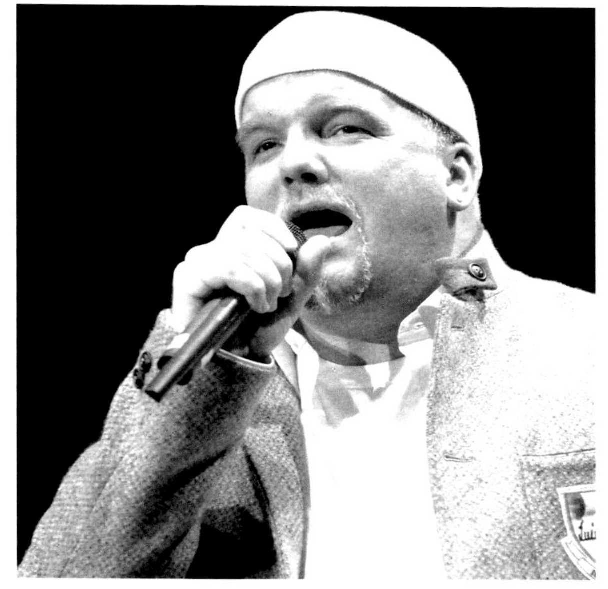

- 1 / S – „Hey Baby“
- 8 / A – weiße Wollmütze
- 12 / R – 37 Wochen
- 5 / H – Skilehrer
- 15 / A – „Burgerdance“
- 2 / C – Tanzbar
- 13 / P – Oma

Das Lösungswort:

1	2	3	4	5	6	7	8	9	10	11	12	13	14	15	16	17	18	19	20	21	22

© Persen Verlag

DJ Ötzi – Grußkarten

Male zwei Grußkarten, die thematisch die DJ Ötzi-Hits „Ein Stern (der deinen Namen trägt)“ und „Burgerdance“ illustrieren.

© Persen Verlag

DJ Ötzi – Teste dein Wissen

Name: ______________________

Klasse: __________ Datum: ______________________

Beantworte die Fragen.

1) Wie heißt DJ Ötzi mit bürgerlichem Namen?

____

2) In welchem Jahr und in welchem Land wurde DJ Ötzi geboren?

______________________ in ______________________

3) Wo ist er aufgewachsen?

______________________ dann ______________________

4) Welche Ausbildung hat er gemacht?

____

5) Wie lebte er nach seiner Ausbildung?

____

6) Wo begann seine Karriere?

____

7) Was ist sein Markenzeichen?

____

8) Welcher Song wurde heftig kritisiert?

____

9) Welcher Song hielt sich 37 Wochen in den deutschen Top 10?

____

10) Nenne fünf bekannte Titel von DJ Ötzi.

____

____

____

____

© Persen Verlag

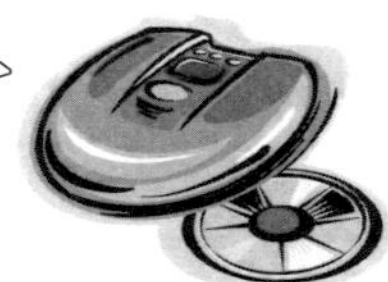

Die Prinzen

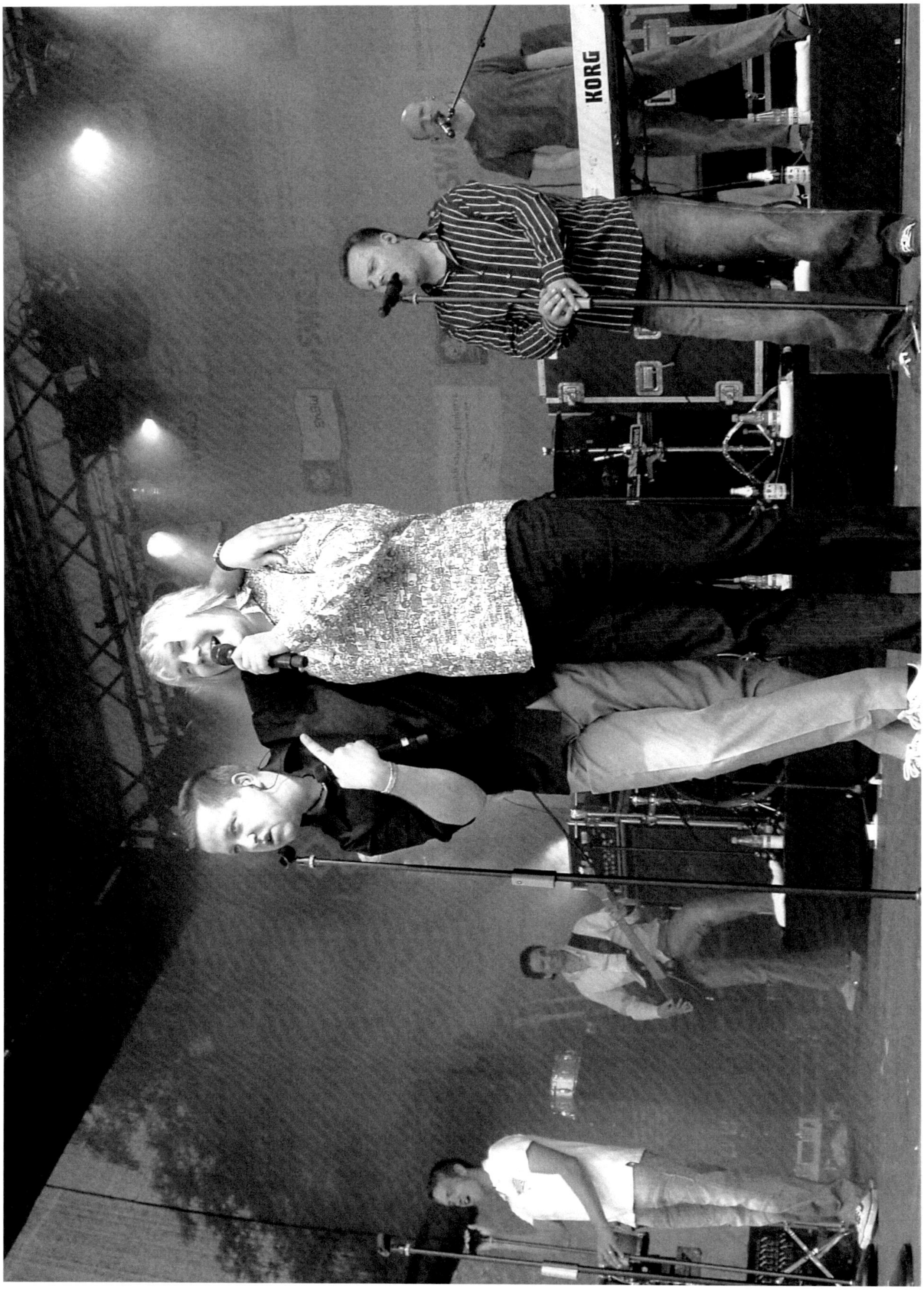

© Persen Verlag

Die Prinzen – Welche Stars sind das?

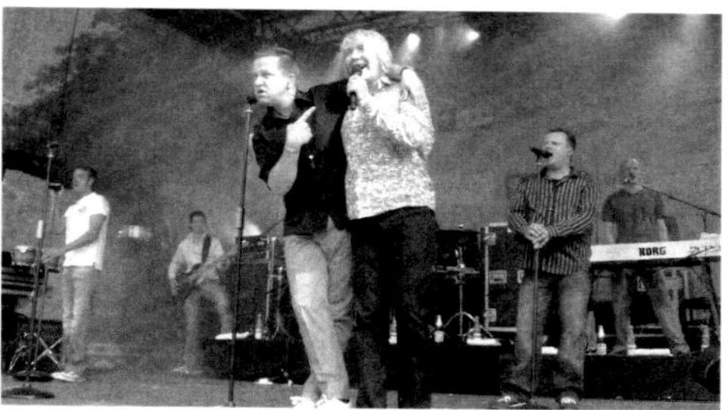

Die Prinzen waren die erste ostdeutsche Popgruppe, die in der BRD nach der Wiedervereinigung Karriere machte. Die vier Musiker Sebastian Krumbiegel (*1966), Tobias Künzel (*1964), Wolfgang Lenk (*1966) und Henry Schmidt (*1967) kamen vom Leipziger Thomanerchor. Der Fünfte, Jens Sembdner (*1967), stammte vom Dresdner Kreuzchor. Sie bildeten noch in der DDR 1987 die Gruppe „Herzbuben". Sie war live erfolgreich, wurde aber von Radio und Musikverlagen der DDR nicht verbreitet. Nach dem Ende der DDR benannte sich die Gruppe in „Commerzbuben" um und suchte Erfolg im Westen Deutschlands. Die Produzentin Annette Humpe nahm die fünf Musiker 1990 unter dem Namen „Die Prinzen" unter Vertrag. 1991 verkaufte sich bereits die erste Single „Gabi und Klaus" mehr als 500 000 Mal. Weitere Singles, wie zum Beispiel „Ich wär' so gerne Millionär", „Mann im Mond", „Küssen verboten" sowie das gleichnamige Album folgten. Auch die nächsten Alben „Alles nur geklaut" (1993) und „Schweine" (1995) mit dem Hit „Du musst ein Schwein sein" waren Megaerfolge. Nachdem sie den Produzenten gewechselt hatten, kam es 1997 zum Misserfolg mit dem fünften Album „Alles mit'm Mund". Erst 1999 gelang den Prinzen mit dem Weihnachtsalbum „Festplatte" ein Comeback. Den großen Erfolg der 90er-Jahre konnten sie aber mit den Alben „D" (2001), „Monarchie in Germany" (2003), „Hardchor" (2004) und „Die neuen Männer" (2008) nicht mehr wiederholen, auch wenn diese stets in die deutschen Charts kamen. Ihre Konzerte im deutschsprachigen Raum waren aber nach wie vor sehr beliebt. Die Prinzen waren in Ost und West der Bundesrepublik gleichermaßen erfolgreich und erhielten 14 goldene Schallplatten (bis 2012) und fünfmal Platin.

Beantworte folgende Fragen zum Text in ganzen Sätzen.

1) Wie heißen die fünf Prinzen?

____

2) Woher stammen die Musiker?

____

3) In welchen Chören haben sie in ihrer Jugend gesungen?

____

4) Wie hieß die Gruppe 1987 in der DDR?

____

5) Wie nannte sich die Gruppe nach dem Ende der DDR?

____

6) Welche bekannte Produzentin nahm die Fünf 1990 unter Vertrag?

____

7) Wie hieß ihre erste Single und wann erschien sie?

____

8) Welche Auszeichnungen bestätigen bis 2012 ihren Erfolg in Ost- und Westdeutschland?

____

© Persen Verlag

Die Prinzen – Lückentext

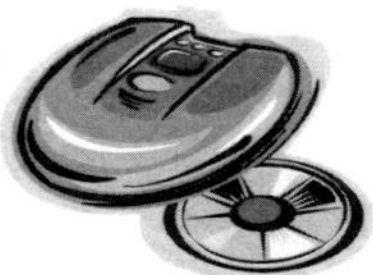

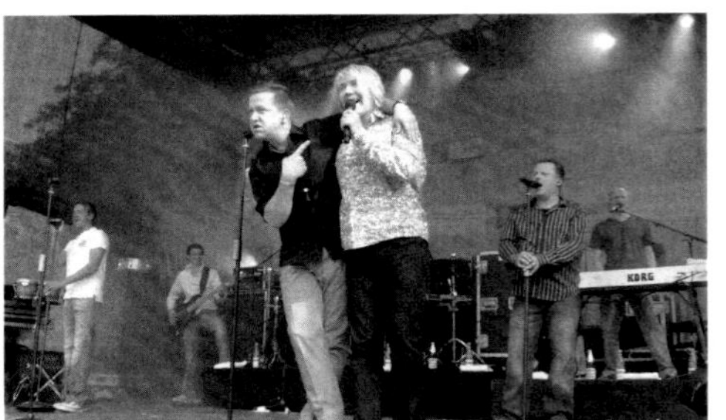

Ergänze die Textlücken mit den Wörtern aus dem Kasten.

konnten – Produzentin – Megaerfolge – DDR – Leipziger – Vertrag – suchte – wiederholen – ostdeutsche – waren – Single – gleichermaßen Wiedervereinigung – Comeback – folgten – Ende – Dresdner – Konzerte – erfolgreich – Weihnachtsalbum – Charts

Die Prinzen waren die erste ____________________ Popgruppe, die in der BRD nach der ________ ________________________ Karriere machte. Die vier Musiker Sebastian Krumbiegel (*1966), Tobias Künzel (*1964), Wolfgang Lenk (*1966) und Henry Schmidt (*1967) kamen vom ______________ Thomanerchor. Der Fünfte, Jens Sembdner (*1967), stammte vom ________________ Kreuzchor. Sie bildeten noch in der ______ 1987 die Gruppe „Herzbuben“. Sie war live ______________________, wurde aber von Radio und Musikverlagen der DDR nicht verbreitet. Nach dem ________ der DDR benannte sich die Gruppe in „Commerzbuben“ um und ____________ Erfolg im Westen Deutschlands. Die ______________________ Annette Humpe nahm die fünf Musiker 1990 unter dem Namen „Die Prinzen“ unter ______________. 1991 verkaufte sich bereits die erste ____________ „Gabi und Klaus“, mehr als 500 000 Mal. Weitere Singles, wie zum Beispiel „Ich wär so gerne Millionär“, „Mann im Mond“, „Küssen verboten“, sowie das gleichnamige Album ______________. Auch die nächsten Alben „Alles nur geklaut“ (1993) und „Schweine“ (1995) mit dem Hit „Du musst ein Schwein sein“ waren __________________. Nachdem sie den Produzenten gewechselt hatten, kam es 1997 zum Misserfolg mit dem fünften Album „Alles mit'm Mund“. Erst 1999 gelang den Prinzen mit dem ____________________________ „Festplatte“ ein ________________. Den großen Erfolg der 90er-Jahre ______________ sie aber mit den Alben „D“ (2001), „Monarchie in Germany“ (2003), „Hardchor“ (2004) und „Die neuen Männer“ (2008) nicht mehr ____________________, auch wenn diese stets in die deutschen ____________ kamen. Ihre ________________ im deutschsprachigen Raum __________ aber nach wie vor sehr beliebt. Die Prinzen waren in Ost und West der Bundesrepublik ____________________ erfolgreich und erhielten 14 goldene Schallplatten (bis 2012) und fünfmal Platin.

© Persen Verlag

Die Prinzen – Steckbrief

Name, Geburtsjahr:

1) ______________________

2) ______________________

3) ______________________

4) ______________________

5) ______________________

Musikstil:

____

Name der Gruppe in der DDR:

____

Name der Gruppe nach dem Ende der DDR:

____

Erste Single:

____

Bekannte Titel:

____

____

____

Besonderheiten:

____

____

____

____

____

____

____

© Persen Verlag

Die Prinzen – ehemalige Chorsänger aus Leipzig und Dresden

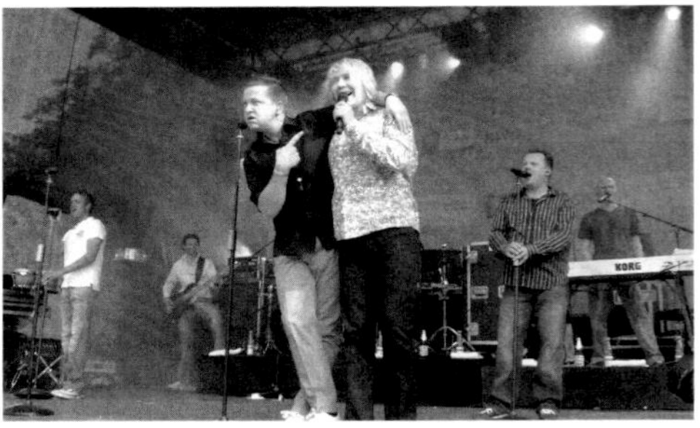

Vier der Prinzen waren in ihrer Jugend beim Thomanerchor in Leipzig. Es ist ein weltweit bekannter, kirchlicher Knabenchor, der seit dem Jahre 1212 besteht. Die „Thomaner", wie sie bezeichnet werden, sind etwa 100 Jungen im Alter von 9 bis 18 Jahren. Die Chormitglieder wohnen in einem speziellen Chorinternat. In diesem Chorinternat, dem sogenannten „Thomasaluminat" leben sie in Stuben unter Aufsicht der älteren Sänger, die als Stubenälteste fungieren. Die Chormitglieder besuchen die Thomasschule, ein bekanntes Gymnasium mit musikalischer Bildung als Schwerpunkt. Das fünfte Mitglied der Prinzen, Jens Sembdner, sang beim Dresdner Kreuzchor. Die Mitglieder des um 1300 gegründeten Knabenchors heißen „Kruzianer". Der Chor besteht aus rund 150 Knaben, die ebenfalls großenteils in einem Chorinternat leben und in der Kreuzschule, einem privaten Dresdener Gymnasium, unterrichtet werden.

Die gute musikalische und sängerische Ausbildung in den Konzertchören vermittelte den Prinzen die Fähigkeit, ihren Gesang auch ohne begleitende Musikinstrumente eindrucksvoll darzubieten. Gesang ohne Instrumentalbegleitung bezeichnet man seit dem 19. Jahrhundert mit dem italienischen Fachbegriff „a capella". Fast jede CD der Prinzen gibt es auch in einer Ausführung als „A-capella-Album", zum Beispiel Megahits wie „Millionär", „Gabi und Klaus", „Küssen verboten" oder „Mann im Mond".

In der neueren Popmusik gibt es neben den Prinzen auch viele weitere bekannte A-capella-Bands, die mehr oder weniger auf Instrumentalbegleitung verzichten.

Trage in die Antwortkästen den richtigen Chor ein: Thomanerchor oder Kreuzchor?

1) Dieser Chor wurde um 1300 gegründet.

2) Dieser Chor besteht aus ca. 100 Mitgliedern.

3) Alle Chormitglieder wohnen in einem speziellen Chorinternat.

4) Dieser Chor hat ca. 150 Mitglieder.

5) Dieser Chor besteht seit 1212.

6) Die Mitglieder dieses Chors heißen „Kruzianer".

© Persen Verlag

Die Prinzen – richtig oder falsch?

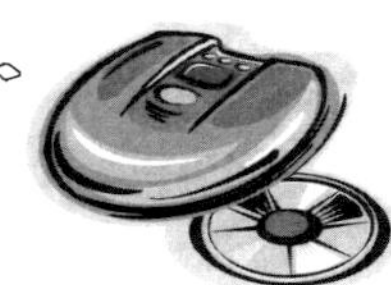

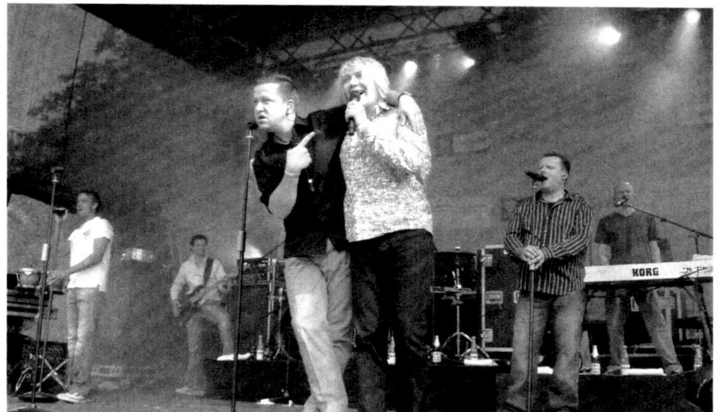

**Welche Aussage ist richtig?
Kreuze den entsprechenden Buchstaben an und finde die Lösung.**

		richtig	falsch
1)	Die erste Single der Prinzen heißt „Gaby und Kurt“.	D	W
2)	Alle fünf Musiker sangen im Leipziger Thomanerchor.	A	E
3)	In der DDR hieß die Gruppe „Herzbuben“.	I	R
4)	Der Dresdner Kreuzchor besteht aus etwa 150 Mädchen.	C	H
5)	1999 feierte die Gruppe ihr Comeback mit dem Weihnachtsalbum „Festessen“.	P	N
6)	Die Prinzen waren in Ost und West der BRD gleichermaßen erfolgreich.	A	E
7)	Gesang ohne Instrumentalbegleitung bezeichnet man als „a capella“.	C	O
8)	Die Gruppe wurde in der DDR von Radio- und Musikverlagen verlegt.	B	H
9)	Die Prinzen stammen aus Ostdeutschland.	T	K
10)	Der Thomanerchor besteht seit dem Jahre 1912.	P	S
11)	Annette Humpe nahm 1999 die Fünf unter Vertrag.	M	N
12)	Zwei der Musiker sangen im Dresdner Kreuzchor.	O	U
13)	Bis 2012 erhielten die Prinzen zweimal Platin.	R	S
14)	„Alles nur geklaut“ war einer der Megahits.	I	A
15)	Nach dem Ende der DDR hieß die Gruppe „Die Könige“.	T	K

Das Lösungswort:

Damit begann das Comeback der Prinzen:

1	2	3	4	5	6	7	8	9	10	11	12	13	14	15

© Persen Verlag

Die Prinzen – Plakat

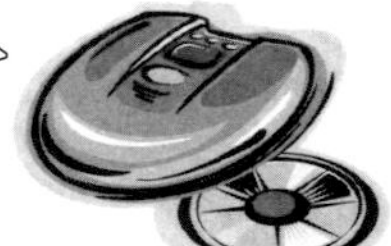

Stell dir vor, die Prinzen kämen in deinen Wohnort. Male ein Plakat, das sie ankündigt. Denke dabei an das Datum des Auftritts, die Uhrzeit, den Ort, die Eintrittspreise usw.

© Persen Verlag

Die Prinzen – Teste dein Wissen

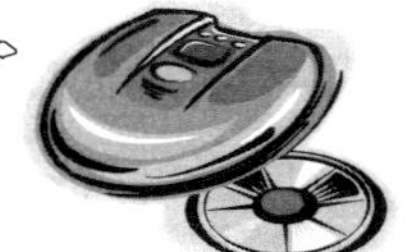

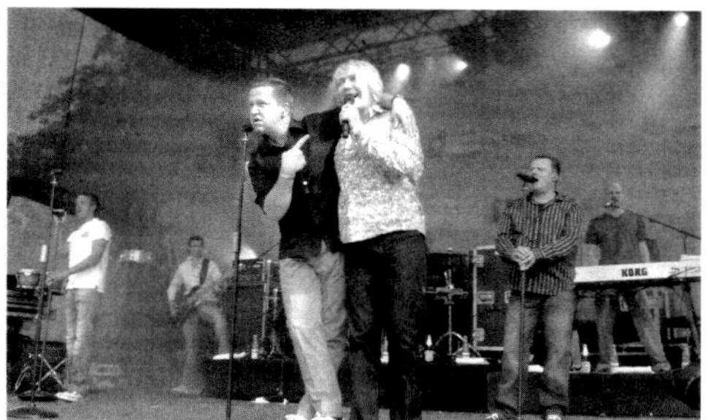

Name: ______________________

Klasse: __________ Datum: __________

Beantworte die Fragen.

1) Aus welchem Teil Deutschlands stammen die Prinzen?

____

2) In welchen Chören sangen sie in ihrer Jugend?

____

3) Welche Gruppe gründeten sie 1987 in der DDR?

____

4) Welchen Erfolg hatte diese Gruppe in der DDR?

____

5) Wie nannte sich die Gruppe nach dem Ende der DDR?

____

6) Welche bekannte Produzentin nahm die fünf Musiker 1990 als „Die Prinzen“ unter Vertrag?

____

7) Wie oft verkaufte sich ihre erste Single?

____

8) Welche Folgen hatte 1997 der Wechsel zu einem anderen Produzenten?

____

9) Welche Auszeichnungen erhielt die Gruppe bis 2012?

____

10) Nenne fünf bekannte Titel der Prinzen.

____

____

____

____

© Persen Verlag

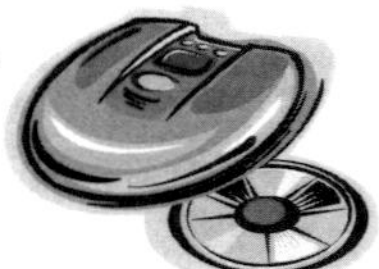

Udo Lindenberg

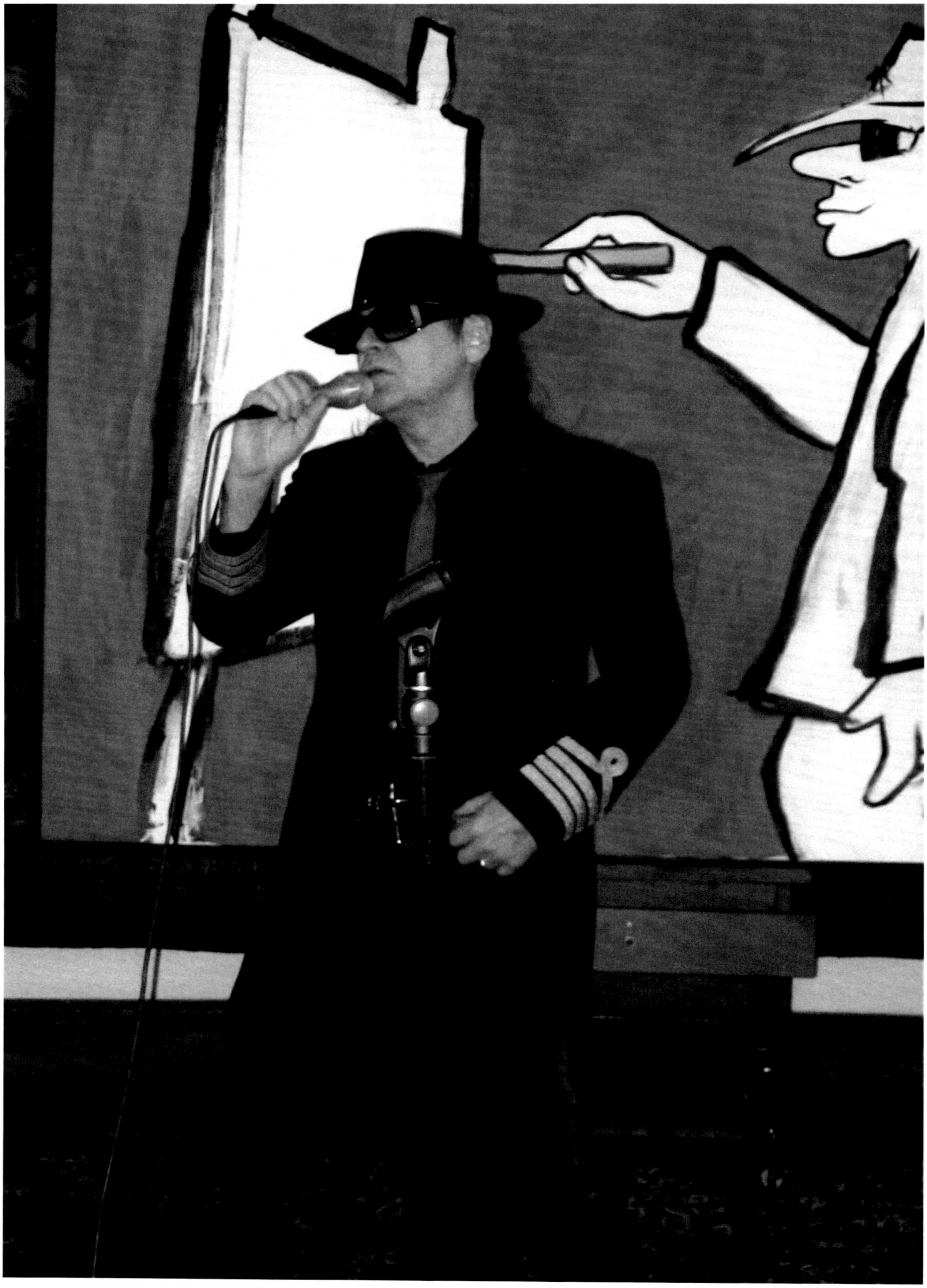

© Persen Verlag

Udo Lindenberg – Welcher Star ist das?

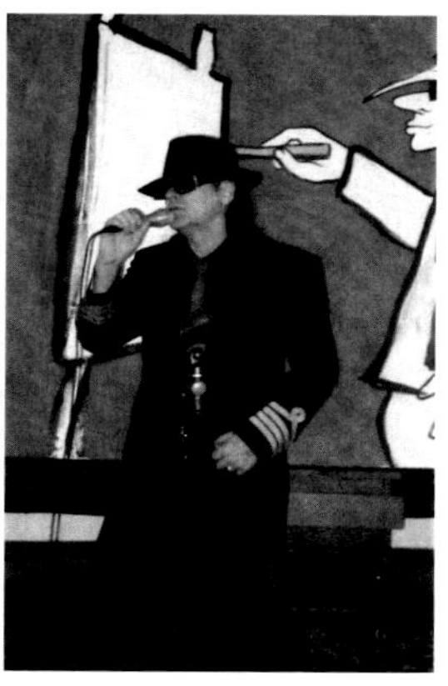

Udo Lindenberg ist ein deutscher Rockmusiker, Komponist, Textschreiber, Maler und Schriftsteller. Er wurde am 17.05.1946 in Gronau (Westfalen) geboren. Als Kind zeigte er ausgeprägtes Rhythmusgefühl und spielte schon mit 15 Jahren in Kneipen als Schlagzeuger. Anfang 1970 begann er als Pionier des „Deutsch-Rock" seine Texte auf Deutsch zu schreiben. Den Durchbruch schaffte Lindenberg 1973 mit dem Album „Andrea Doria". Er verkaufte es über 100.000 Mal. Im August 1973 gründete er seine Band „Panikorchester". Es folgten weitere Platten und Tourneen. In vielen Songs behandelt Lindenberg politische, gesellschaftliche und private Themen: „Riskante Spiele", „Leider nur ein Vakuum", „Votan Wahnwitz", „Der Malocher", „Elli Pyrelli", „Der Sonderzug nach Pankow", „Sie brauchen keinen Führer", „Wozu sind die Kriege da", „Sie liebten sich gigantisch", „Cello" u. a.

Sein Wunsch, in der DDR ein Konzert zu geben, ging im Oktober 1983 in Erfüllung, als er in Ost-Berlin unter Überwachung des DDR-Geheimdienstes im Palast der Republik auftreten durfte. Eine Tournee durch die DDR war erst nach dem Mauerfall möglich. 1986 starb Lindenbergs Lebensgefährtin und Sekretärin des Panikorchesters, Gabi Blitz, an einer Überdosis Drogen.

Bekannt ist der Künstler auch als Buchautor mit den Titeln „Albert Alptraum bis Votan Wahnwitz" (1975), „Rock und Rebellion – ein panisches Panorama" (1983) sowie den Autobiografien „El Panico" (1989) und „Panikpräsident" (2004). Ebenso wirkt er als Kunstmaler mit zahlreichen Ausstellungen. Arbeiten von ihm befinden sich unter anderem im Kanzleramt. Seit Ende 1990 ist der Sänger mit der Fotografin Tine Acke liiert. Er wohnt vorwiegend in Hamburg mit Zweitwohnsitz in Berlin. Sein Markenzeichen ist der schwarze Hut, mit dem er eine Narbe versteckt, die ihm eine verlassene Geliebte zugefügt hat. Für seine Musik erhielt er zahlreiche Auszeichnungen. 2007 wurde in Gronau zu Ehren der Rocklegende am Geburtshaus eine 26-Karat-Goldplatte angebracht und 2015 ein Denkmal errichtet.

Beantworte mit ganzen Sätzen die Fragen zum Text.

1. Wann und wo wurde Udo Lindenberg geboren?

   ____

2. Welches Musikinstrument spielte er mit 15 Jahren?

   ____

3. Für welchen Musikstil war er Pionier?

   ____

4. Mit welchem Album schaffte Lindenberg den Durchbruch?

   ____

5. Nenne einige seiner bekannten Titel.

   ____

6. Durch welche Tätigkeiten ist Lindenberg sonst noch bekannt?

   ____

7. Was ist Lindenbergs Markenzeichen?

   ____

8. Welche aktuellen Infos zu Udo Lindenberg kannst du hinzufügen?

   ____

© Persen Verlag

Udo Lindenberg – Lückentext

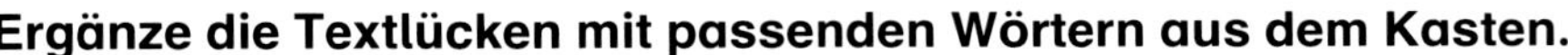

Ergänze die Textlücken mit passenden Wörtern aus dem Kasten.

Buchautor – Themen – Songs – gründete – auftreten – Denkmal – erhielt – Schlagzeuger – Kunstmaler – Mauerfall – begann – Ende – Hut – Hamburg – Panikorchesters – verlassene – Rockmusiker – Kanzleramt – Gronau – schaffte – Platten – private – Wunsch – Deutsch

Udo Lindenberg ist ein deutscher ____________________, Komponist, Textschreiber, Maler und Schriftsteller. Er wurde am 17.05.1946 in ____________ (Westfalen) geboren. Als Kind zeigte er ausgeprägtes Rhythmusgefühl und spielte schon mit 15 Jahren in Kneipen als ________________________. Anfang 1970 ____________ er als Pionier des „Deutsch-Rock" seine Texte auf ____________ zu schreiben. Den Durchbruch ______________ Lindenberg 1973 mit dem Album „Andrea Doria". Er verkaufte es über 100.000 Mal.

Im August 1973 _______________ er seine Band „Panikorchester".

Es folgten weitere _____________ und Tourneen. In vielen __________ behandelt Lindenberg politische, gesellschaftliche und ______________ ___________: „Riskante Spiele", „Leider nur ein Vakuum", „Votan Wahnwitz", „Der Malocher", „Elli Pyrelli", „Der Sonderzug nach Pankow", „Sie brauchen keinen Führer", „Wozu sind die Kriege da", „Sie liebten sich gigantisch", „Cello" u. a.

Sein _____________, in der DDR ein Konzert zu geben, ging im Oktober 1983 in Erfüllung, als er in Ost-Berlin unter Überwachung des DDR-Geheimdienstes im Palast der Republik _________________ durfte. Eine Tournee durch die DDR war erst nach dem ________________ möglich. 1986 starb Lindenbergs Lebensgefährtin und Sekretärin des ____________________________, Gabi Blitz, an einer Überdosis Drogen.

Bekannt ist der Künstler auch als _________________ mit den Titeln „Albert Alptraum bis Votan Wahnwitz" (1975), „Rock und Rebellion-ein panisches Panorama" (1983) sowie den Autobiografien „El Panico" (1989) und „Panikpräsident" (2004). Ebenso wirkt er als _________________ mit zahlreichen Ausstellungen. Arbeiten von ihm befinden sich unter anderem im _________________.

Seit ________ 1990 ist der Sänger mit der Fotografin Tine Acke liiert. Er wohnt vorwiegend in _____________ mit Zweitwohnsitz in Berlin. Sein Markenzeichen ist der schwarze _____, mit dem er eine Narbe versteckt, die ihm eine __________________ Geliebte zugefügt hat. Für seine Musik ___________ er zahlreiche Auszeichnungen. 2007 wurde in Gronau zu Ehren der Rocklegende am Geburtshaus eine 26-Karat-Goldplatte angebracht und 2015 ein _____________ errichtet.

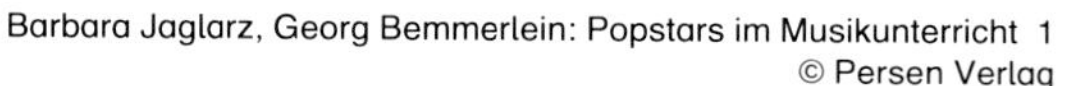

Barbara Jaglarz, Georg Bemmerlein: Popstars im Musikunterricht 1
© Persen Verlag

Udo Lindenberg – Steckbrief

Name:

Geburtsdatum:

Geburtsort:

Wohnorte:

Berufe:

Musikstil:

Das erste Album:

Weitere bekannte Titel:

Besonderheiten:

© Persen Verlag

Udo Lindenberg – Das Musical „Hinterm Horizont“

Das Musical Hinterm Horizont wurde am 13.01.2011 in Berlin im Theater am Potsdamer Platz uraufgeführt. Es dauert ca. drei Stunden und erzählt anhand von Liedern des Sängers eine Liebesgeschichte. Bei einem Konzert im Palast der Republik verliebt sich Udo in das Ost-Berliner Mädchen Jessy. Das scheint mit Udo Lindenbergs Lebensgeschichte übereinzustimmen. Ob die weiteren Geschehnisse der Story der Biografie des Sängers entsprechen, hat Udo Lindenberg jedoch bis heute nicht verraten.

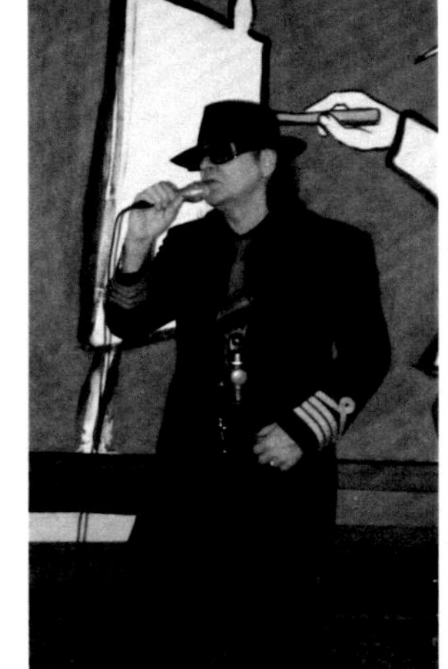

Gleichzeitig werden im Musical viele historische Tatsachen und Ereignisse, wie seine Konzerte in Ost-Berlin 1983 und in Moskau 1985, die Stasi, Doping in der DDR und der Mauerfall 1989 aufgegriffen und behandelt. Orte und Zeiten der Handlung sind die Städte Ost-Berlin (1983–89), Berlin (heute), Moskau (1985) und Hamburg (heute). Anfang 2016 wurde bekannt, dass aufgrund der gesunkenen Kartenverkäufe Ende August die ständige Aufführung von „Hinterm Horizont“ am Potsdamer Platz endet.

Für ein Musical gibt es keine klare Definition. Es umfasst gesprochene Dialoge, Songs, Tanzeinlagen und Showeffekte. Der Darsteller in einem Musical muss gleichzeitig Sänger, Tänzer und Schauspieler sein. New York und London sind die Metropolen für das Musical. Zu den bekanntesten gehören: Cats, Das Phantom der Oper, Miss Saigon, Evita, Les Miserables, Starlight Express, Hairspray, Der König der Löwen, High School Musical und andere.

Welche Aussage ist richtig? Kreuze den entsprechenden Buchstaben an und finde die Lösung.

	richtig	falsch
1. Das Musical hat keine genaue Definition.	C	D
2. „Hinterm Horizont“ wurde in Hamburg uraufgeführt.	W	A
3. Das Musical „Hinterm Horizont“ hat keinen Bezug zu Udo Lindenbergs Lebensgeschichte.	A	B
4. Zum Musical gehören Showeffekte.	A	P
5. „Die Königin der Löwen“ ist ein bekanntes Musical.	O	R
6. Die Darsteller müssen gleichzeitig Sänger, Tänzer und Schauspieler sein.	E	K
7. New York und Berlin sind die Metropolen des Musicals.	O	T

Die Lösung:

Noch ein bekanntes Musical:

1	2	3	4	5	6	7

© Persen Verlag

Udo Lindenberg – richtig oder falsch?

Welche Hüte passen nicht zu Udo Lindenberg? Streiche die entsprechenden Hüte durch. Die übrigen Hüte ergeben die Lösung.

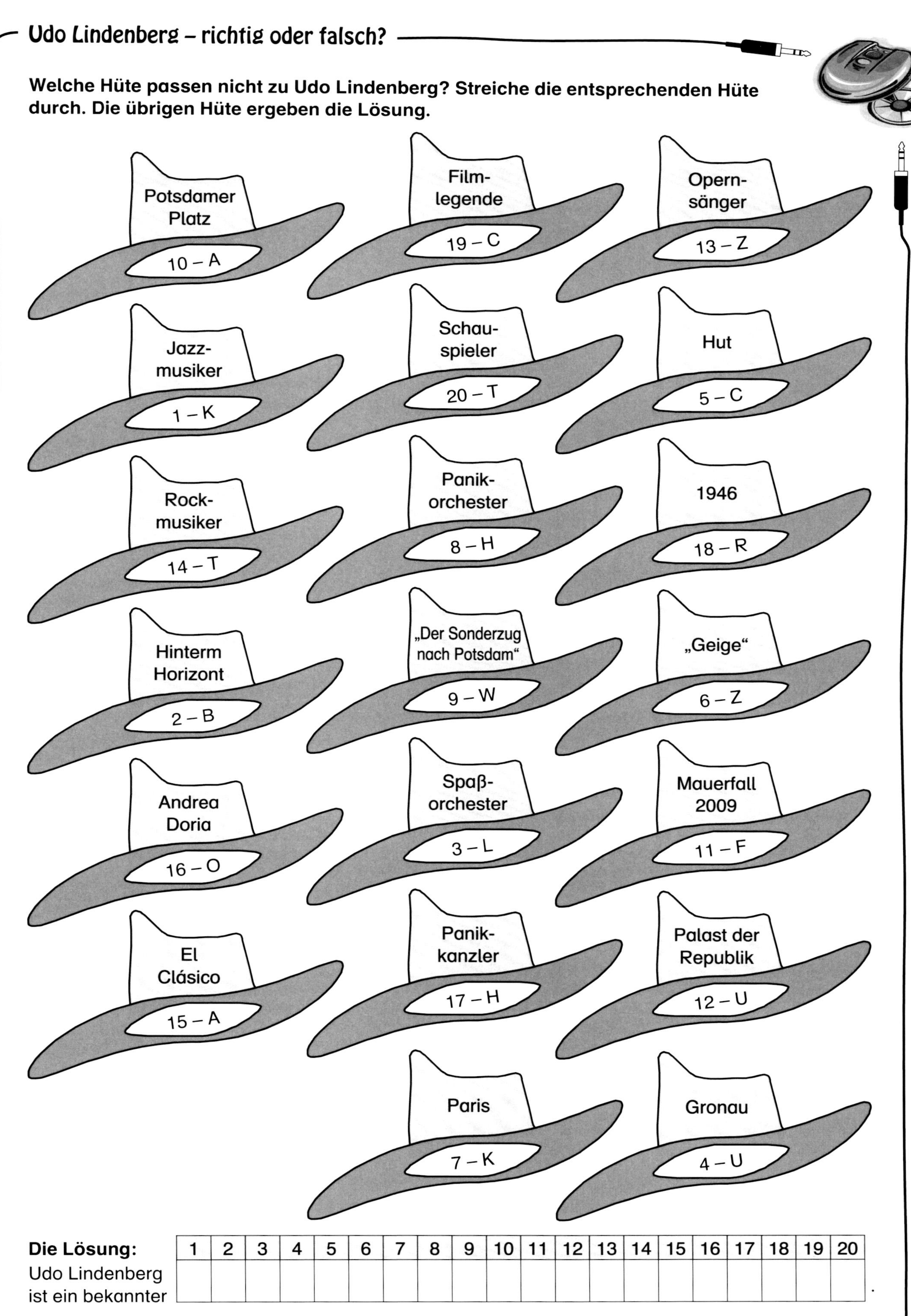

Die Lösung:
Udo Lindenberg ist ein bekannter

1	2	3	4	5	6	7	8	9	10	11	12	13	14	15	16	17	18	19	20

.

© Persen Verlag

Udo Lindenberg – Glückwunsch zum siebzigsten Geburtstag

Gestalte für Udo zum Siebzigsten eine fetzige, rockige Geburtstagskarte.

Barbara Jaglarz, Georg Bemmerlein: Popstars im Musikunterricht 1
© Persen Verlag

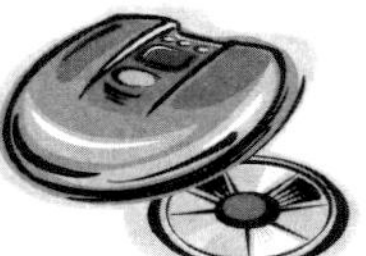

Michael Jackson

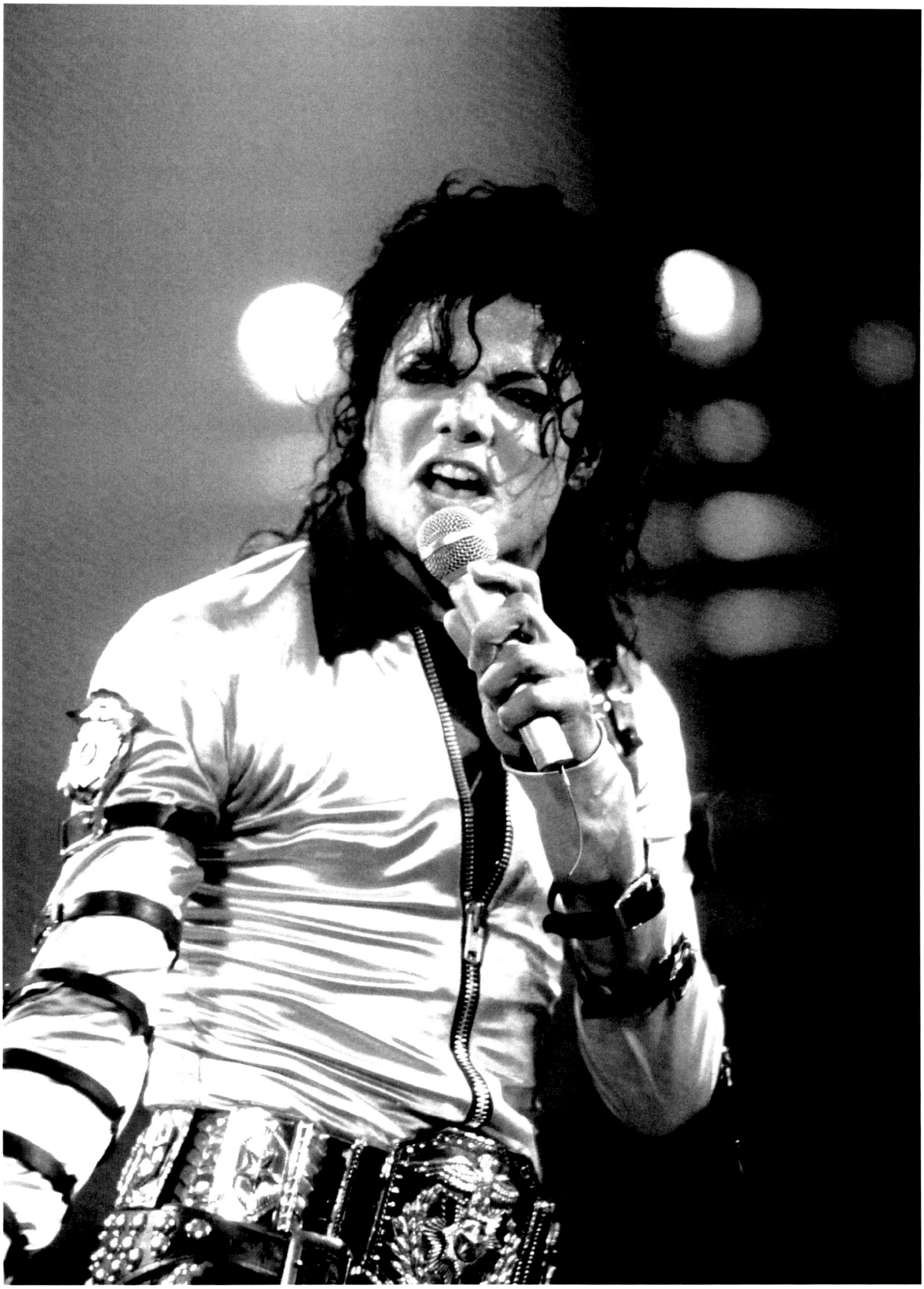

© Persen Verlag

Michael Jackson – Welcher Star ist das?

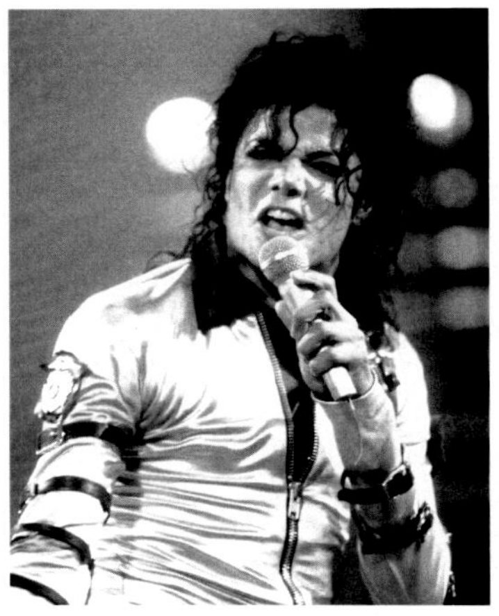

Michael Jackson (Spitzname „Jacko") erblickte am 29. August 1958 in Gary im US-Bundesstaat Indiana das Licht der Welt. Er starb am 25. Juni 2009 in Los Angeles. Jackson war ein amerikanischer Popsänger, Entertainer, Komponist und Tänzer. Der Vater war Kranfahrer, die Mutter Verkäuferin. Michael hatte neun Geschwister. Die Kinder wurden von den Eltern, die selbst musizierten, musikalisch erzogen und gefördert, besonders Michael. 1963 gründete der Vater für fünf seiner Söhne die Band „The Jackson Five", die ab 1969 weltweit erfolgreich wurde und in der Michael bis in die 1980er-Jahre als Hauptsänger tätig war. Gleichzeitig verfolgten die Fünf Sänger Solokarrieren. Michael Jackson veröffentlichte 1982 das bis heute weltweit meistverkaufte Album „Thriller". Weitere Alben folgten: „Ben", „Off the Wall", „Bad", „Dangerous", „History" und „Invincible". Michael Jackson verkaufte weltweit mehr als 750 Millionen Tonträger. Das Guiness Buch der Rekorde führt ihn als „erfolgreichsten Entertainer aller Zeiten". Aufgrund seiner Erfolge wird er auch als „King of Pop" bezeichnet. Jacksons Markenzeichen waren der sogenannte „Moonwalk", ein pantomimischer Tanz, der typische Griff in den Schritt und als Bekleidung ein schwarzer Hut, weiße Socken und weiße Handschuhe, oft auch Fantasieuniformen. Michael Jackson ließ sein Gesicht mehrfach operativ „verschönern" und stark verändern, was nicht ohne öffentliche Kritik blieb. Negative Schlagzeilen machte er außerdem 1993 und 2005, als er wegen Kindesmissbrauchs angeklagt war, aber in beiden Fällen freigesprochen wurde. Mit zunehmendem Alter litt er an Schlaflosigkeit, war von Medikamenten abhängig und starb an der Überdosis eines Schlafmittels. Sehr berühmt war Michael Jackson für sein soziales Engagement. Er spendete insgesamt über 300 Millionen US-Dollar an verschiedene Wohltätigkeitsorganisationen.

Beantworte folgende Fragen zum Text in ganzen Sätzen.

1) Wann und wo wurde Michael Jackson geboren?

____

2) Welche Berufe hatte Michael Jackson?

____

3) Wie hieß die Band, die Michael Jacksons Vater für fünf seiner Söhne gründete?

____

4) Wie heißt Michael Jacksons meistverkauftes Album?

____

5) Wie wird Jackson aufgrund seiner Erfolge oft bezeichnet?

____

6) Welche Markenzeichen hatte Michael Jackson?

____

7) Wie zeigte Michael Jackson sein soziales Engagement?

____

8) Wann und woran starb Michael Jackson?

____

© Persen Verlag

Michael Jackson – Lückentext

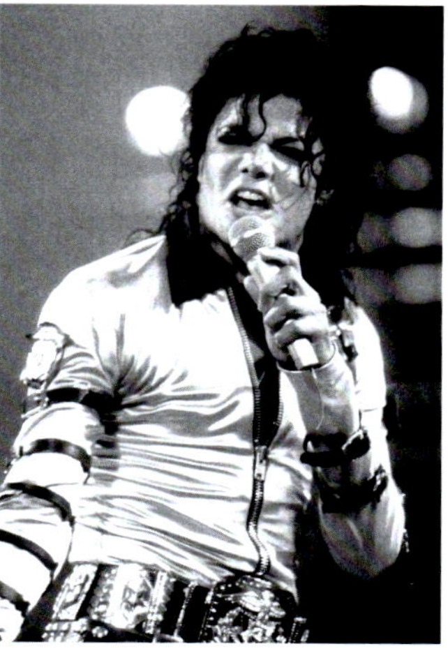

Ergänze die Textlücken mit den Wörtern aus dem Kasten.

gründete – Kranführer – Gesicht – erblickte – öffentliche – 1982 – freigesprochen – Markenzeichen – amerikanischer – Entertainer – erzogen – spendete – Alben – Schlaflosigkeit – Licht – Bekleidung – Schlagzeilen – Hauptsänger – meistverkaufte – Guiness Buch – Verkäuferin – Griff – Los Angeles – neun – Erfolge

Michael Jackson (Spitzname „Jacko") ____________________ am 29. August 1958 in Gary im US-Bundesstaat Indiana das ___________ der Welt. Er starb am 25. Juni 2009 in ____________________.

Jackson war ein ______________________________ Popsänger, Entertainer, Komponist und Tänzer. Der Vater war ______________________, die Mutter______________________. Michael hatte ___________ Geschwister. Die Kinder wurden von den Eltern, die selbst musizierten, musikalisch ______________ und gefördert, besonders Michael. 1963 __________________ der Vater für fünf seiner Söhne die Band „The Jackson Five", die ab 1969 weltweit erfolgreich wurde und in der Michael bis in die 1980er-Jahre als ______________________ tätig war. Gleichzeitig verfolgten die fünf Sänger Solokarrieren. Michael Jackson veröffentlichte ________ das bis heute weltweit ______________________________ Album „Thriller". Weitere ___________ folgten: „Ben", „Off the Wall", „Bad", „Dangerous", „History" und „Invincible". Michael Jackson verkaufte weltweit mehr als 750 Millionen Tonträger. Das ________________________ der Rekorde führt ihn als „erfolgreichsten ______________________ aller Zeiten". Aufgrund seiner ________________ wird er auch als „King of Pop" bezeichnet. Jacksons _______________________________ waren der sogenannte „Moonwalk", ein pantomimischer Tanz, der typische ________________ in den Schritt und als ______________________ ein schwarzer Hut, weiße Socken und weiße Handschuhe, oft auch Fantasieuniformen. Michael Jackson ließ sein ______________ mehrfach operativ „verschönern" und stark verändern, was nicht ohne ______________________ Kritik blieb. Negative __________________________ machte er außerdem 1993 und 2005, als er wegen Kindesmissbrauchs angeklagt war, aber in beiden Fällen ____ wurde. Mit zunehmendem Alter litt er an ______________________________, war von Medikamenten abhängig und starb an der Überdosis eines Schlafmittels. Sehr berühmt war Michael Jackson für sein soziales Engagement. Er _________________ insgesamt über 300 Millionen US-Dollar an verschiedene Wohltätigkeitsorganisationen.

© Persen Verlag

Michael Jackson – Steckbrief

Name:

Spitzname:

Geburtsdatum: ______

Geburtsort: ______

Berufe:

Musikstil:

Das meistverkaufte Album:

Weitere bekannte Titel:

Gestorben:

am: ______ in: ______

Besonderheiten:

Barbara Jaglarz, Georg Bemmerlein: Popstars im Musikunterricht 1
© Persen Verlag

Michael Jackson – „We Are The World“

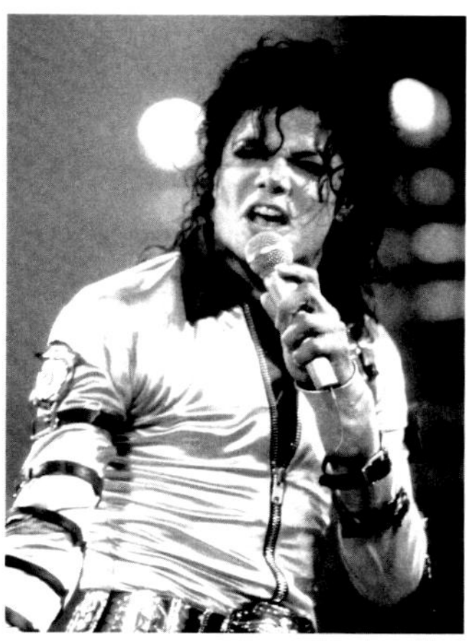

Am 28. Januar 1985 wurde der von Michael Jackson und Lionel Richie in nur zweieinhalb Stunden komponierte Song „We Are The World“ aufgenommen. Er war den hungernden Menschen in Afrika gewidmet und wurde im Rahmen des Musikprojektes „USA for Africa“ („United Support of Artists for Africa“) produziert. Mehrere damals international bekannte Popstars sangen jeweils ein kurzes Stück des Liedes in dieser Reihenfolge: Lionel Richie, Stevie Wonder, Paul Simon, Kenny Rogers, Tina Turner, Billy Joel, Michael Jackson selbst, Diana Ross, Bruce Springsteen, Cindy Lauper, Bob Dylan und zum Schluss Ray Charles. Das Lied entwickelte sich weltweit zum Spitzenhit. 7,3 Millionen verkaufte Singles machten aus „We Are The World“ den erfolgreichsten Benefizsong bis heute. Das Stück spielte für die Hungernden Afrikas 88 Millionen Dollar ein.

Am 1. Februar 2010, mehr als ein halbes Jahr nach Jacksons Tod, trafen sich 85 internationale Stars im Rahmen des Benefizprojektes „Artists for Haiti“, um das 25 Jahre alte Lied neu einzuspielen, diesmal zur Rettung der Überlebenden des verheerenden Erdbebens in Haiti. Unter den Stars waren: Justin Bieber, Pink, Celine Dion, Michaels Schwester Janet Jackson, Enrique Iglesias und Michael Bublé. Michael Jacksons Anteil aus dem Original 1985 wurde in die Neuaufnahme eingeschnitten. Die Aufnahme erfolgte unter demselben Dirigenten und in demselben Aufnahmestudio wie 1985. Die Neuaufnahme konnte aber den Publikumserfolg des Originals nicht wiederholen, möglicherweise auch deshalb, weil einige der wichtigsten Popstars der Zeit, wie Lady Gaga und Beyoncé, nicht mitmachten. Für sie war gerade nach dem Tod Michael Jacksons das Original unantastbar.

Nenne einige Anlässe, zu denen das Lied „We Are The World“ gut passen würde, und begründe deine Überlegungen.

© Persen Verlag

Michael Jackson – Rätsel

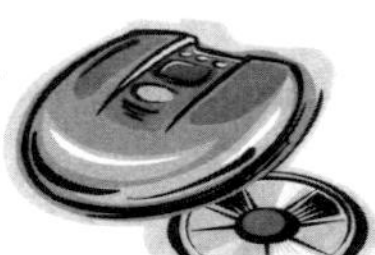

Löse das Kreuzworträtsel und finde das Lösungswort.

1. Jacksons Pantomimentanz heißt …
2. Einer seiner Berufe war …
3. Michael Jackson hatte neun …
4. Sein meistverkauftes Album heißt …
5. Jackson starb an einer Überdosis von …
6. Der Beruf seiner Mutter war …
7. Einer seiner Berufe war …
8. „We Are The World“ (1985) for …
9. Davon verkaufte er 750 Millionen.
10. Michael Jacksons Spitzname war …
11. Er ließ es oft operieren.
12. In diesem US-Bundesstaat wurde er geboren.
13. „We Are The World“ (2010) for …
14. Der Beruf von Michael Jacksons Vater war …
15. Ein Markenzeichen: weiße …

Sie machten Michael Jackson so sympathisch:

1	2	3	4	5	6	7	8	9	10	11	12	13	14	15

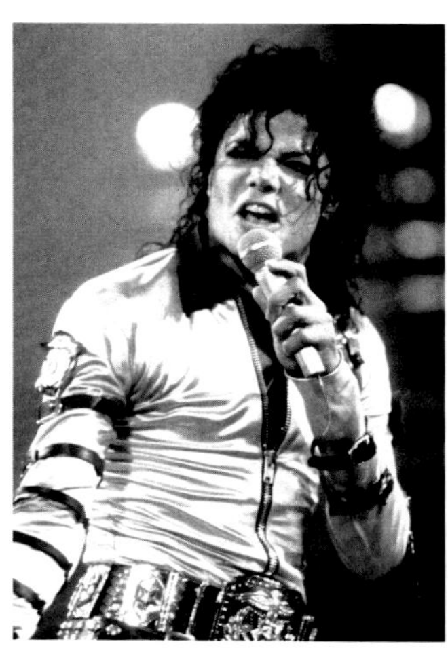

Barbara Jaglarz, Georg Bemmerlein: Popstars im Musikunterricht 1
© Persen Verlag

Michael Jackson – Mousepad

Gestalte ein Michael-Jackson-Traum-Mousepad, das sich für wohltätige Zwecke verkaufen lässt.

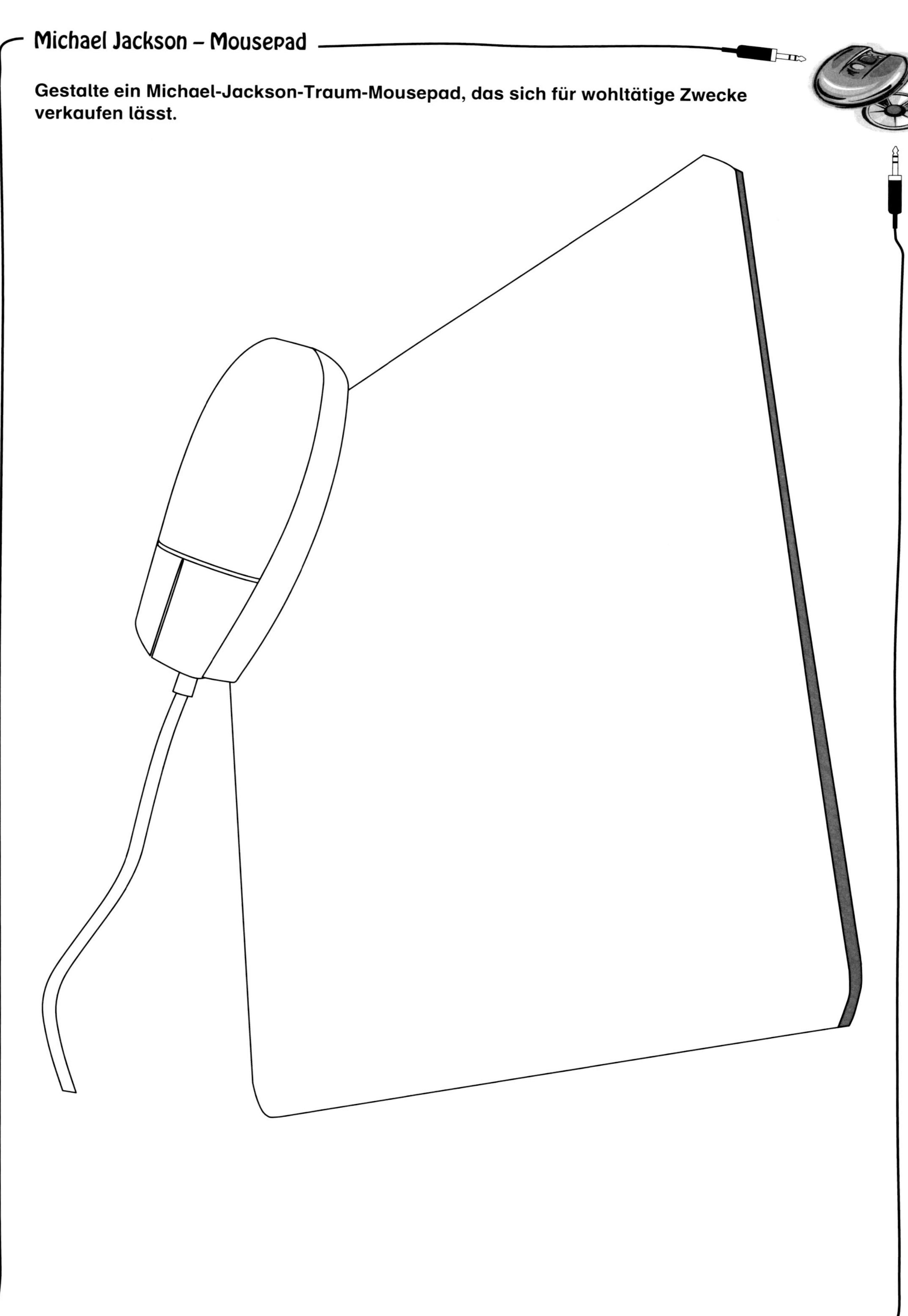

© Persen Verlag

Michael Jackson – Teste dein Wissen

Name: ______________________________

Klasse: ____________ Datum: ______________________

Beantworte die Fragen.

1) In welchem Jahr und wo wurde Michael Jackson geboren?

____

2) Wie lautete sein Spitzname?

____

3) Wie wird er aufgrund seiner Erfolge bezeichnet?

____

4) Nenne drei seiner Berufe.

____

5) In welcher Band sang er zusammen mit seinen Brüdern?

____

6) Nenne den berühmtesten und meistverkauftesten Titel von Michael Jackson.

____

7) Nenne drei seiner typischen „Markenzeichen".

____

8) Womit zeigte Michael Jackson sein soziales Engagement?

____

9) In welchem Jahr und wo ist Jackson gestorben?

____

10) Nenne drei andere bekannte Titel von Michael Jackson.

____

____

____

____

© Persen Verlag

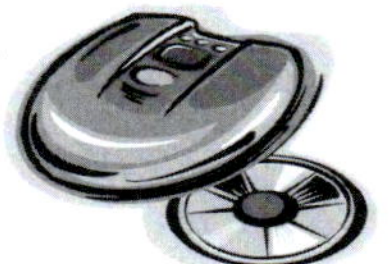

Freddie Mercury und Queen

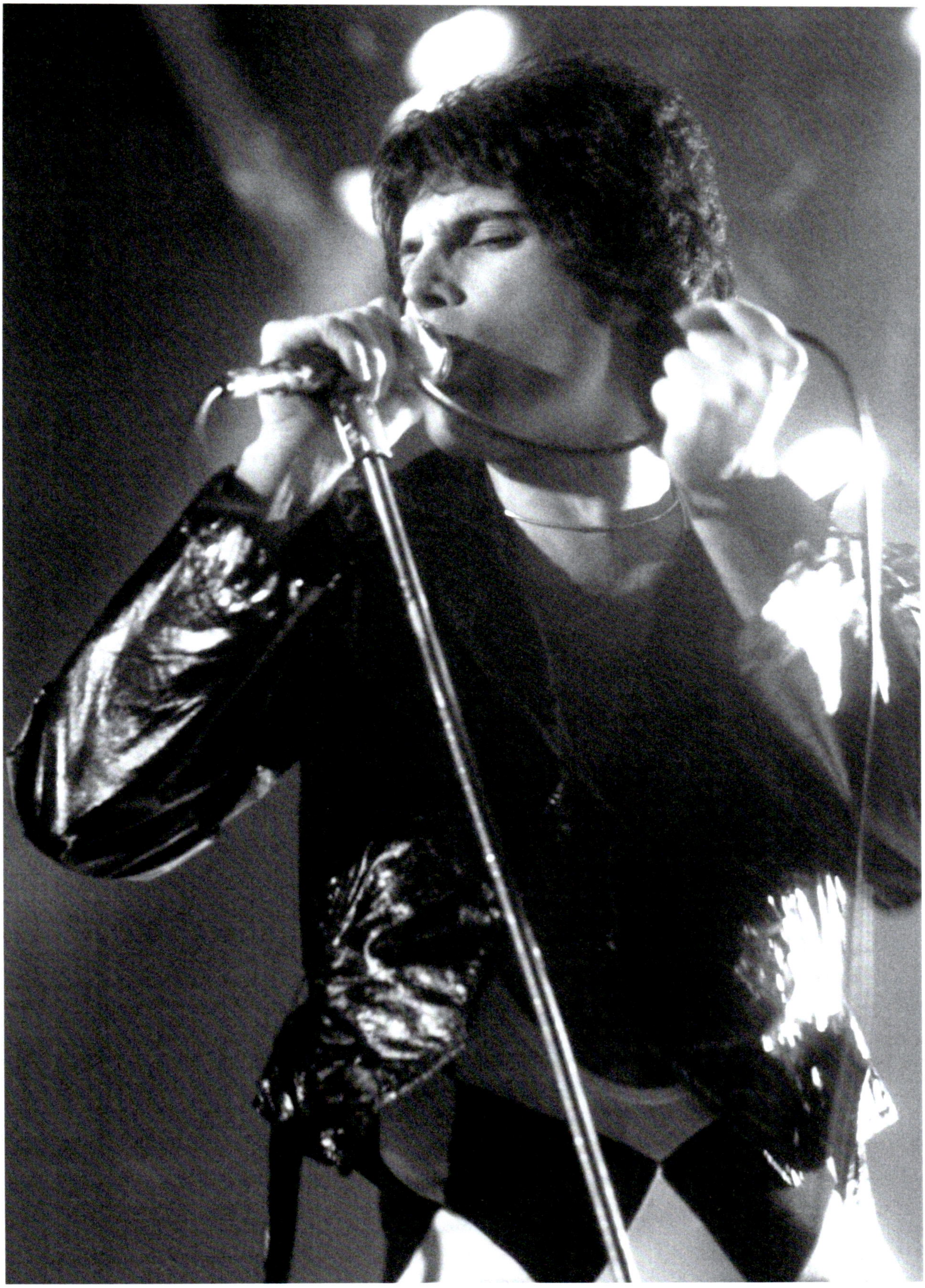

© Persen Verlag

Freddie Mercury und Queen – Welche Stars sind das?

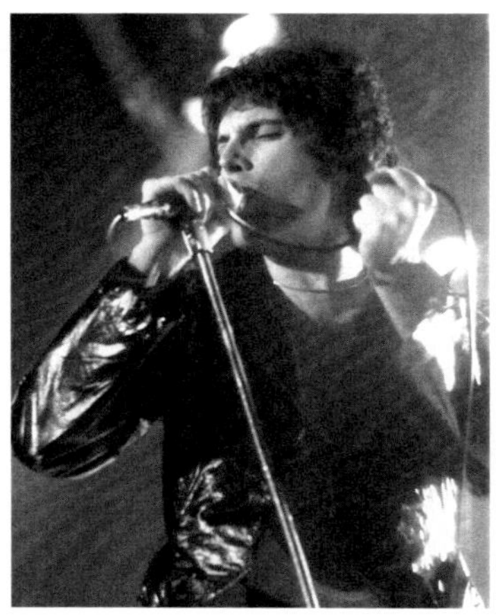

Die britische Rockgruppe „Queen" wurde 1970 gegründet. Mitglieder waren Freddie Mercury, Brian May, Roger Taylor und John Deacon. Der Leadsänger (Hauptsänger) Freddie Mercury wurde durch seine dominierende Rolle bei Liveauftritten zum Mittelpunkt der Band. Bei der Produktion der Songs besaßen aber alle Bandmitglieder gleiche Rechte. Etwa 320 Millionen weltweit verkaufte Tonträger machten Queen zu einer der erfolgreichsten Bands der Welt. Zu den bekanntesten Hits der Gruppe zählen die hymnischen Lieder „We Are the Champions" und „We Will Rock You", aber auch Songs wie „Another One Bites the Dust", „Radio Ga Ga", „Bohemian Rhapsody", „Under Pressure", „Hammer to Fall" und andere. Charakteristisch für die Band waren Vermischung und Wechsel verschiedener Musikstile, wie einfache, leise Liedkompositionen, Opern-Parodien, Rock'n' Roll, Hardrock oder Discosound. Wichtig war für Queen die perfektionierte Publikumsunterhaltung und Show, unter anderem durch Spezialeffekte wie Lichteffekte, Nebel und Pyrotechnik. Der Hauptsänger Freddie Mercury brauchte für seine Auftritte eine besonders große Bühne, auf der er ständig in Bewegung war, um eine theatralische Aufführung zu erzeugen. Dabei nutzte er einen speziellen langen Mikrofonständer, bei dem die Füße entfernt worden waren. Er gebrauchte ihn, je nach Situation, als „Gitarre", als Taktstock eines Tambours, als Balancierstange und anderes. Auch die Gliederung der Konzerte diente in besonderer Weise der Effekterzeugung. Zu Beginn der Konzerte spielte die Band vorzugsweise schnelle, harte Songs. Zur Mitte hin stellte Queen dann ihre Musik auf ruhige, gefühlvolle und entspannende Songs um, um zum Ende einen das Publikum mitreißenden Höhepunkt zu kreieren. Noch heute wird bei vielen Veranstaltungen, vor allem im sportlichen Bereich, der Queen-Hit „We Are the Champions" als Siegeshymne gesungen.

Beantworte folgende Fragen zum Text in ganzen Sätzen.

1) Wann wurde Queen gegründet?

___

2) Wie hieß der Leadsänger der Band?

___

3) Wodurch wurde Freddie Mercury zum Mittelpunkt der Gruppe?

___

4) Was war charakteristisch für den Musikstil von Queen?

___

5) Was war der Band wichtig bei ihren Auftritten?

___

6) Welchen Gegenstand nutzte Freddie Mercury bei seinen Auftritten?

___

7) Welche Songs spielte Queen zu Beginn der Konzerte?

___

8) Wie heißt Queens Siegeshymne?

___

© Persen Verlag

Freddie Mercury und Queen – Lückentext

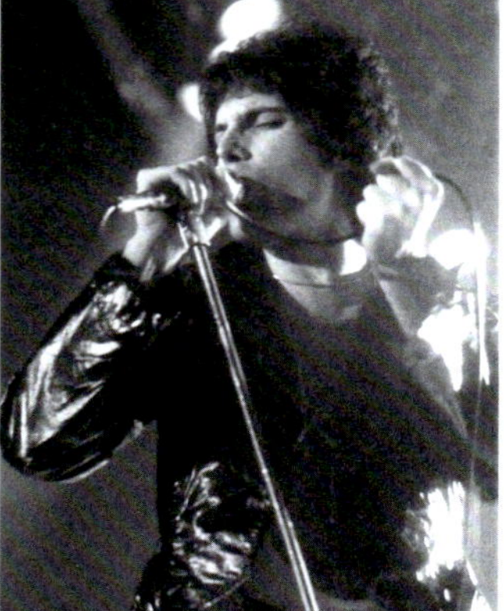

Ergänze die Textlücken mit den Wörtern aus dem Kasten.

Spezialeffekte – hymnischen – schnelle – Leadsänger – verschiedener – Bühne – Gliederung – harte – britische – Songs – Mikrofonständer – dominierende – weltweit – entspannende – mitreißenden – entfernt – gefühlvolle – Charakteristisch – perfektionierte – sportlichen – 1970 – Bandmitglieder – Situation

Die ________________ Rockgruppe „Queen" wurde _____ gegründet. Mitglieder waren Freddie Mercury, Brian May, Roger Taylor und John Deacon. Der ____________________ (Hauptsänger) Freddie Mercury wurde durch seine ______________________ Rolle bei Liveauftritten zum Mittelpunkt der Band. Bei der Produktion der Songs besaßen aber alle ____________________________ gleiche Rechte. Etwa 320 Millionen ________________ verkaufte Tonträger machten Queen zu einer der erfolgreichsten Bands der Welt. Zu den bekanntesten Hits der Gruppe zählen die ____________________ Lieder „We Are the Champions" und „We Will Rock You", aber auch __________ wie „Another One Bites the Dust", „Radio Ga Ga", „Bohemian Rhapsody", „Under Pressure", „Hammer to Fall" und andere. ____________________________ für die Band waren Vermischung und Wechsel __________________________ Musikstile, wie einfache, leise Liedkompositionen, Opern-Parodien, Rock'n' Roll, Hardrock oder Discosound. Wichtig war für Queen die ______________________________ Publikumsunterhaltung und Show, unter anderem durch ____________________________ wie Lichteffekte, Nebel und Pyrotechnik. Der Hauptsänger Freddie Mercury brauchte für seine Auftritte eine besonders große __________, auf der er ständig in Bewegung war, um eine theatralische Aufführung zu erzeugen. Dabei nutzte er einen speziellen langen_______________________________, bei dem die Füße ________________ worden waren. Er gebrauchte ihn, je nach________________, als „Gitarre", als Taktstock eines Tambours, als Balancierstange und anderes. Auch die ____________________ der Konzerte diente in besonderer Weise der Effekterzeugung. Zu Beginn der Konzerte spielte die Band vorzugsweise ______________, __________ Songs. Zur Mitte hin stellte Queen dann ihre Musik auf ruhige, _______________________ und ________________________ Songs um, um zum Ende einen das Publikum ________________________ Höhepunkt zu kreieren.

Noch heute wird bei vielen Veranstaltungen, vor allem im ______________________ Bereich, der Queen-Hit „We Are the Champions" als Siegeshymne gesungen.

© Persen Verlag

Freddie Mercury und Queen – Steckbrief

Namen der Bandmitglieder:

Jahr und Ort der Gründung:

Leadsänger:

Musikstil:

Zahl der weltweit verkauften Tonträger:

Berühmte hymnische Titel:

Weitere bekannte Songs:

Besonderheiten:

© Persen Verlag

Freddie Mercury und AIDS

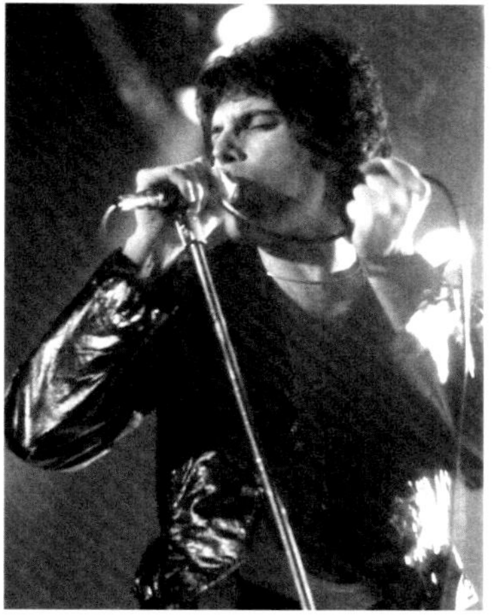

Der Leadsänger der Rockgruppe „Queen", Freddie Mercury, wurde 1946 auf Sansibar, einer Insel vor der Küste Ostafrikas, geboren. Mit bürgerlichem Namen hieß er Farrokh Bulsara. Als Dreizehnjähriger kam er nach London. Dort gründete er 1970 zusammen mit zwei Gitarristen, John Deacon und Brian May, die Gruppe „Queen". Seine Bühnenauftritte mit theatralischen Showeinlagen, freiem Oberkörper, hautengen Lederhosen und homosexuellen Macho-Posen waren weltbekannt.

In persönlichen Angelegenheiten hielt sich Freddie Mercury aber sehr zurück und legte Wert auf seine Privatsphäre. Sein Publikum interessierte sich auch nicht sonderlich für den Privatmann, dessen ausgefallene Partys und sexuelle Neigungen bekannt waren. Sie erwarteten von ihm gute Musik und seine hervorragende Bühnenshow.

Als Mercury stetig kränklicher wirkte, kam es zunehmend zu Spekulationen über seine gesundheitliche Verfassung. 1991 berichtete die Weltpresse vom Verdacht, Freddie Mercury sei an der Immunschwächekrankheit AIDS erkrankt. Allerdings ließ Mercury dies dementieren. Erst im November 1991 erfuhr die Presse offiziell durch seinen Sprecher, dass er tatsächlich unter AIDS leide und nur wenige Stunden später starb Mercury in seinem Londoner Haus an einer Lungenentzündung. Tatsächlich hatte er in seinen letzten Songs, wie etwa „Who Wants To Live Forever?" (Wer will ewig leben?), vor allem auch in seinem letzten Lied „The Show Must Go On" (Die Show muss weitergehen), seinen Tod vorhergesehen und verarbeitet.

Überlege und beantworte kurz die folgenden Fragen. Begründe deine Meinung.

1) Was hältst du davon, dass Freddie Mercury seine Krankheit bis zuletzt vor der Öffentlichkeit geheim gehalten hat?

____

____

____

____

____

____

2) Dürfen deiner Meinung nach Sensationsfotografen und Journalisten das Privatleben von prominenten Menschen ausspionieren? Wo ist die Grenze?

____

____

____

____

____

© Persen Verlag

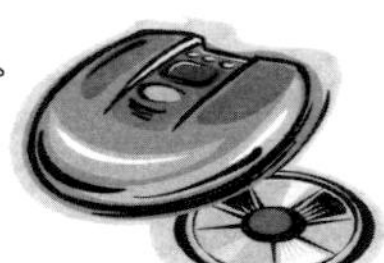

Löse das Kreuzworträtsel und finde das Lösungswort

1. Geburtsland von Mercury
2. Mercury brauchte sie besonders groß …
3. „We Are the Champions" ist die oft gesungene …
4. Vorname eines der Bandmitglieder
5. Hauptsänger einer Band
6. Wohnort von Freddie Mercury
7. An dieser Krankheit litt Freddie Mercury.
8. Typisches Kleidungsstück Mercurys beim Auftritt
9. Eines der Bandmitglieder (Nachname)
10. Für Queen so wichtig, wie die Musik
11. Name der Band von Freddie Mercury
12. Freddies echter Vorname
13. Einer der Spezialeffekte von Queen auf der Bühne
14. Eines der Bandmitglieder (Nachname)
15. Ein Musikstil der Band
16. Eines der Bandmitglieder (Nachname)
17. Davon verkaufte Queen 320 Millionen.

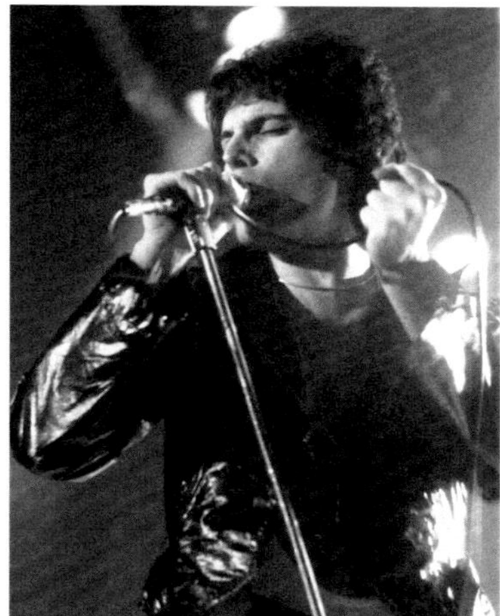

Freddie Mercury war vor allem bekannt wegen seiner:

1	2	3	4	5	6	7	8	9	10	11	12	13	14	15	16	17

Barbara Jaglarz, Georg Bemmerlein: Popstars im Musikunterricht 1
© Persen Verlag

Freddie Mercury und Queen – das ultimative Champion-T-Shirt

Gestalte das ideale T-Shirt für echte Champions.

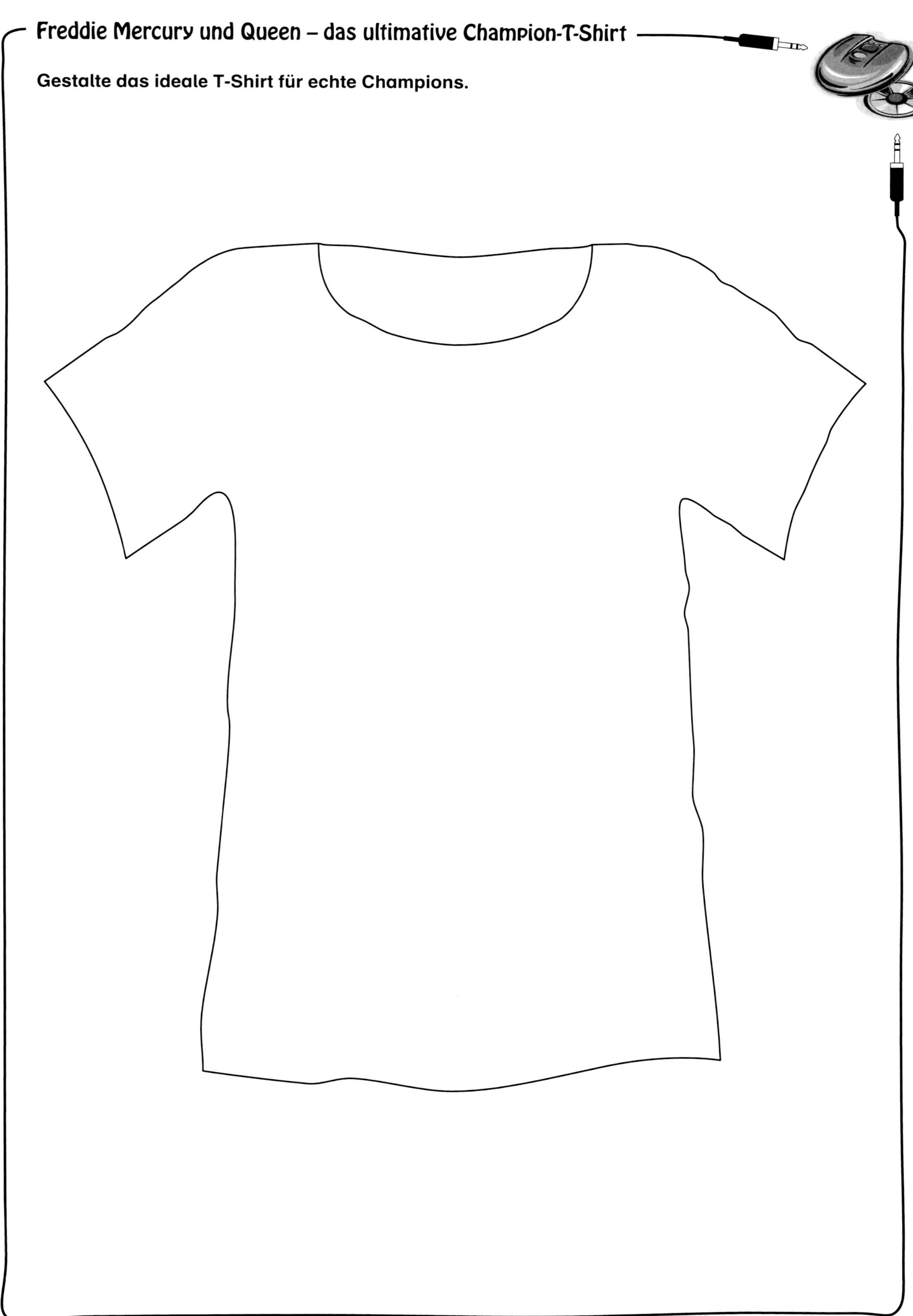

© Persen Verlag

Freddie Mercury und Queen – Teste dein Wissen

Name: ______________________________

Klasse: ____________ Datum: ______________________

Beantworte die Fragen.

1) Aus welchem Land stammte die Gruppe Queen?

____

2) Wann wurde die Band gegründet?

____

3) Wie hieβ der Leadsänger von Queen?

____

4) Wie viele Tonträger verkaufte die Band weltweit?

____

5) Welche Musikstile pflegte die Gruppe?

____

6) Welche Spezialeffekte waren für die Band bei ihren Auftritten wichtig?

____

7) Wozu benutzte Freddie Mercury seinen Mikrofonständer? Nenne zwei Beispiele.

____

8) Wie gliederte Queen seine Konzerte?

____

9) Welcher Titel von Queen wird oft als Siegeshymne bei Sportveranstaltungen gesungen?

____

10) Nenne fünf bekannte Titel der Band.

____

____

____

____

© Persen Verlag

Lösungen

Justin Bieber

Seite 12

1	2	3	4	5	6	7	8	9	10	11	12	13	14	15	16
	T		E			E		N		A		G	E		R

Das Lösungswort lautet: TEENAGER

Culcha Kandela – richtig oder falsch?

Seite 20

Das Lösungswort:

1	2	3	4	5	6	7	8	9	10	11	12	13	14	15	16	17	18	19	20	21	22	23	24	25	26
R	A		P		P	E		N			M		A	C		H		T	S		P		A	ß	

Rihanna und die Musik der Karibik

Seite 27

Bongos, Congas, Steel Pan, Bongos, Claves

Rihanna – richtig oder falsch?

Seite 28

Das Lösungswort:
Die nimmt jede Frau gerne an:

1	2	3	4	5	6	7	8	9	10	11	12	13	14	15	16
S	C	H	Ö	N	H	E	I	T	S	P	R	E	I	S	E

Lady Gaga und der Grammy

Seite 36

Das Lösungswort:

1	2	3
D	A	S

4	5	6	7	8	9	10	11	12	13
G	R	A	M	M	O	P	H	O	N

Lady Gaga – Rätsel

Seite 37

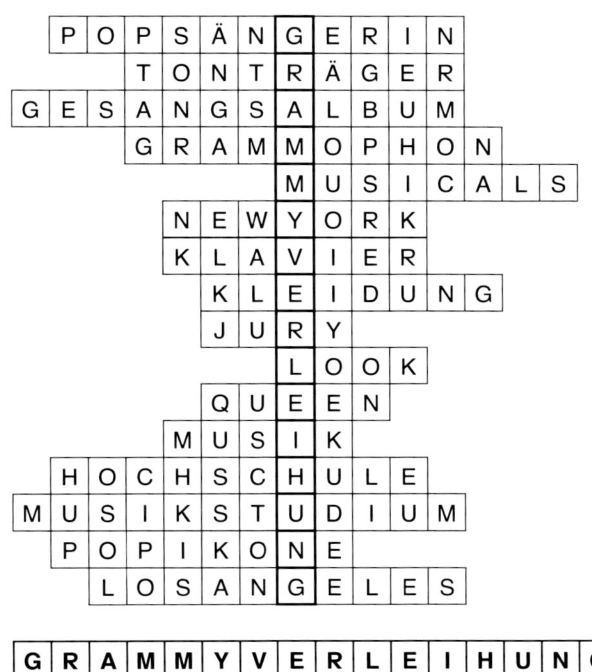

© Persen Verlag

DJ Ötzi und der Schlager

Seite 44

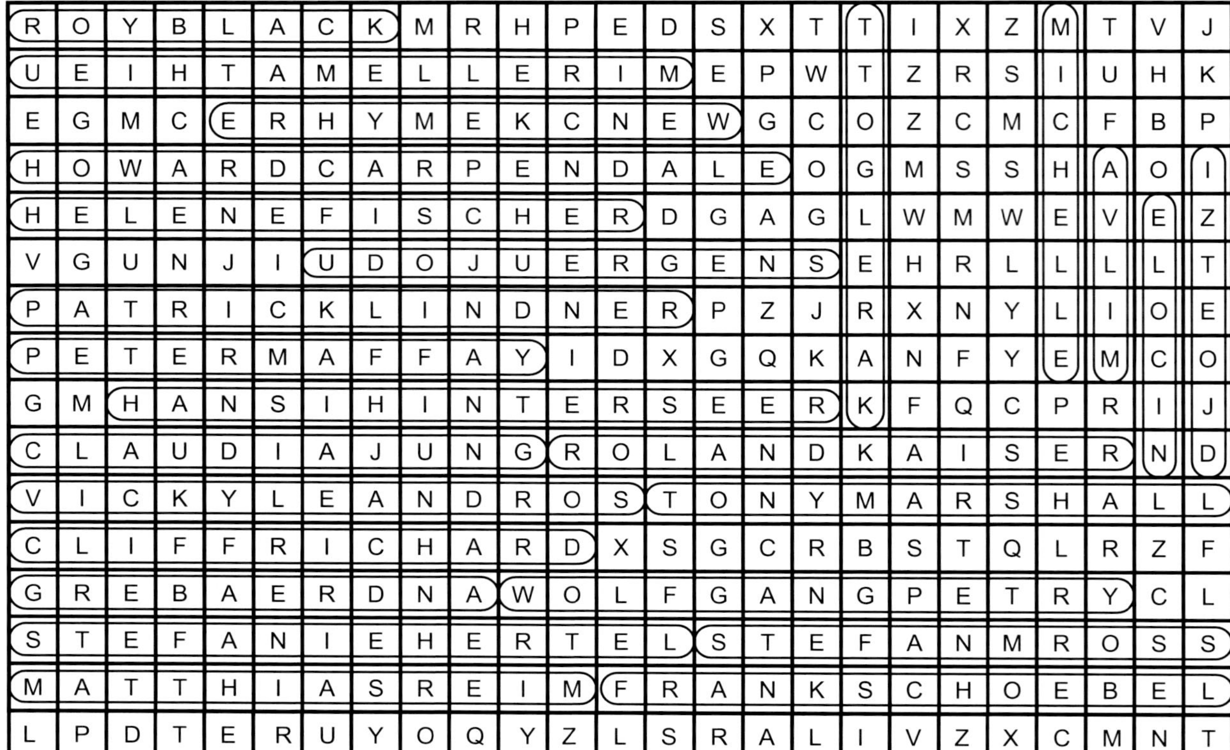

R	O	Y	B	L	A	C	K	M	R	H	P	E	D	S	X	T	T	I	X	Z	M	T	V	J
U	E	I	H	T	A	M	E	L	L	E	R	I	M	E	P	W	T	Z	R	S	I	U	H	K
E	G	M	C	E	R	H	Y	M	E	K	C	N	E	W	G	C	O	Z	C	M	C	F	B	P
H	O	W	A	R	D	C	A	R	P	E	N	D	A	L	E	O	G	M	S	S	H	A	O	I
H	E	L	E	N	E	F	I	S	C	H	E	R	D	G	A	G	L	W	M	W	E	V	E	Z
V	G	U	N	J	I	U	D	O	J	U	E	R	G	E	N	S	E	H	R	L	L	L	L	T
P	A	T	R	I	C	K	L	I	N	D	N	E	R	P	Z	J	R	X	N	Y	L	I	O	E
P	E	T	E	R	M	A	F	F	A	Y	I	D	X	G	Q	K	A	N	F	Y	E	M	C	O
G	M	H	A	N	S	I	H	I	N	T	E	R	S	E	E	R	K	F	Q	C	P	R	I	J
C	L	A	U	D	I	A	J	U	N	G	R	O	L	A	N	D	K	A	I	S	E	R	N	D
V	I	C	K	Y	L	E	A	N	D	R	O	S	T	O	N	Y	M	A	R	S	H	A	L	L
C	L	I	F	F	R	I	C	H	A	R	D	X	S	G	C	R	B	S	T	Q	L	R	Z	F
G	R	E	B	A	E	R	D	N	A	W	O	L	F	G	A	N	G	P	E	T	R	Y	C	L
S	T	E	F	A	N	I	E	H	E	R	T	E	L	S	T	E	F	A	N	M	R	O	S	S
M	A	T	T	H	I	A	S	R	E	I	M	F	R	A	N	K	S	C	H	O	E	B	E	L
L	P	D	T	E	R	U	Y	O	Q	Y	Z	L	S	R	A	L	I	V	Z	X	C	M	N	T

DJ Ötzi – richtig oder falsch?

Seite 45

Das Lösungswort:

1	2	3	4	5	6	7	8	9	10	11	12	13	14	15	16	17	18	19	20	21	22
S	**C**	**H**			**L**		**A**	**G**	**E**		**R**	**P**		**A**	**R**		**A**		**D**		**E**

Die Prinzen – ehemalige Chorsänger aus Leipzig und Dresden

Seite 52

1) Kreuzchor, 2) Thomanerchor, 3) Thomanerchor, 4) Kreuzchor, 5) Thomanerchor, 6) Kreuzchor

Die Prinzen – richtig oder falsch?

Seite 53

Das Lösungswort:

Damit begann das Comeback der Prinzen:

1	2	3	4	5	6	7	8	9	10	11	12	13	14	15
W	**E**	**I**	**H**	**N**	**A**	**C**	**H**	**T**	**S**	**M**	**U**	**S**	**I**	**K**

© Persen Verlag

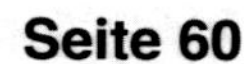

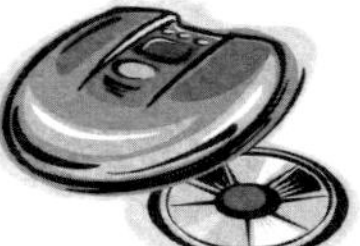

Udo Lindenberg – Das Musical „Hinterm Horizont“ Seite 60

Die Lösung:
Noch ein bekanntes Musical:

1	2	3	4	5	6	7
C	**A**	**B**	**A**	**R**	**E**	**T**

Udo Lindenberg – richtig oder falsch? Seite 61

Die Lösung:
Udo Lindenberg ist ein bekannter

1	2	3	4	5	6	7	8	9	10	11	12	13	14	15	16	17	18	19	20
	B		**U**	**C**			**H**		**A**		**U**		**T**		**O**		**R**		

.

Michael Jackson – Rätsel Seite 68

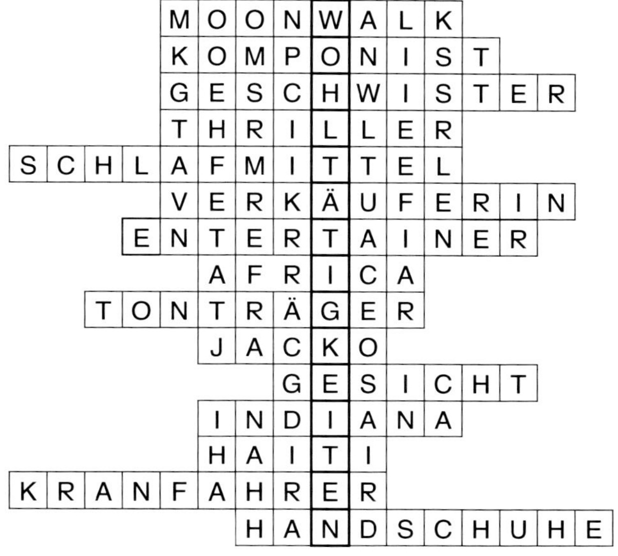

Sie machten Michael Jackson so sympathisch:

1	2	3	4	5	6	7	8	9	10	11	12	13	14	15
W	**O**	**H**	**L**	**T**	**Ä**	**T**	**I**	**G**	**K**	**E**	**I**	**T**	**E**	**N**

© Persen Verlag

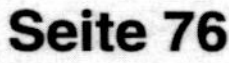

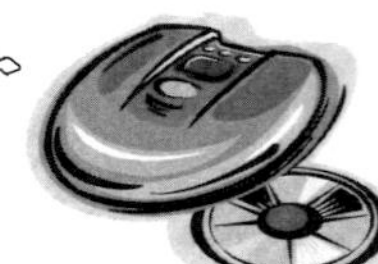

Freddie Mercury und Queen – Rätsel

Seite 76

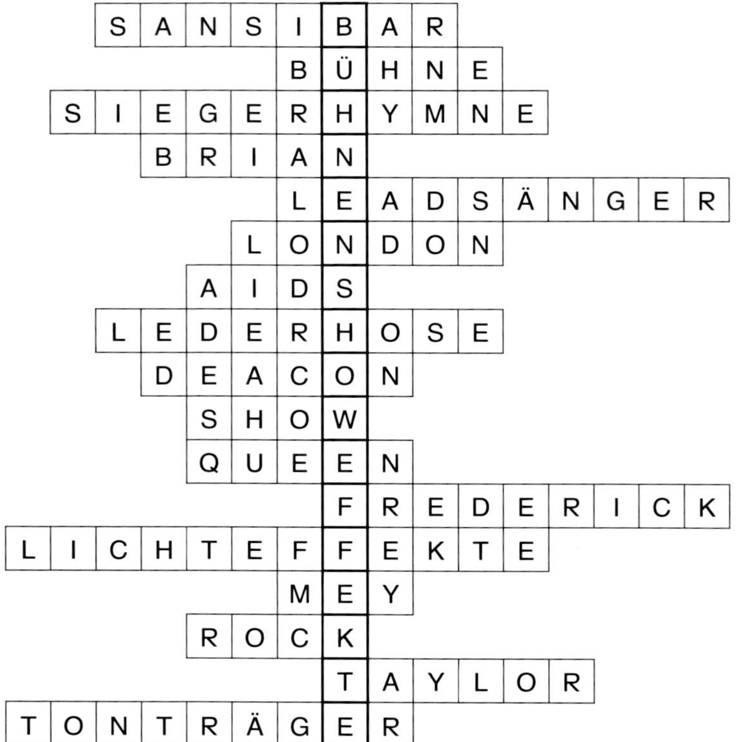

Freddie Mercury war vor allem bekannt wegen seiner:

1	2	3	4	5	6	7	8	9	10	11	12	13	14	15	16	17
B	**Ü**	**H**	**N**	**E**	**N**	**S**	**H**	**O**	**W**	**E**	**F**	**F**	**E**	**K**	**T**	**E**

Barbara Jaglarz, Georg Bemmerlein: Popstars im Musikunterricht 1
© Persen Verlag

Quellenverzeichnis:

Coverabbildung:
cheering crowd at concert © DWP – stock.adobe.com

Seite 7ff.: **Justin Bieber** at the 2010 White House4 Easter Egg roll, 5. April 2010
Daniel Ogren, Wikimedia Commons, lizenziert unter CreativeCommons-Lizenz CC-BY-2.0
URL: http://upload.wikimedia.org/wikipedia/commons/2/2f/Justin_Bieber_2010_3.jpg;
Lizenz: https://creativecommons.org/licenses/by/2.0/

Seite 15ff.: **Culcha Candela** beim ZDF-Fernsehgarten auf Usedom, 24. Juni 2012
HeidecamperSg – Eigenes Werk, Wikimedia Commons, lizensiert unter CreativeCommons-Lizenz CC BY-SA 3.0
URL: https://commons.wikimedia.org/wiki/Category:Culcha_Candela?uselang=de#/media/File:Culcha2012.JPG
Lizenz: https://creativecommons.org/licenses/by-sa/3.0/

Seite 23ff.: **Rihanna** live at Bankatlantic Center, Sunrise, Florida, on her tour The LOUD Tour, 14. Juli 2011
Marc Schiller, Wikimedia Commons, lizensiert unter CreativeCommons-Lizenz CC BY-SA 2.0
URL: https://commons.wikimedia.org/wiki/Category:The_Loud_Tour?uselang=de#/media/File:Rihanna,_LOUD_Tour,_Florida_7.jpg
Lizenz: https://creativecommons.org/licenses/by-sa/2.0/

Seite 32ff.: **Lady Gaga** and Monster announce Project RED Heartbeats and RED Beats Solo at the 2010
International Consumer Electronics Show, in Las Vegas, Nevada, 7. Januar 2010
Domain Barnyard, Wikimedia Commons, lizensiert unter CreativeCommons-Lizenz CC BY 2.0
URL: https://commons.wikimedia.org/wiki/Category:Lady_Gaga_in_2010?uselang=de#/media/File:Gaga_at_monster_booth2.jpg
Lizenz: https://creativecommons.org/licenses/by/2.0/

Seite 40ff.: **DJ Ötzi** auf dem Überraschungsfest der Volksmusik in Hamburg, 21. Januar 2006
©akg/Jazz Archiv Hamburg

Seite 48ff.: **Die Prinzen** bei einem Konzert in Biberach an der Riβ, 20. Juni 2006.
The weaver, Wikimedia Commons, lizensiert unter CreativeCommons-Lizenz CC BY-SA 3.0
URL: https://de.wikipedia.org/wiki/Die_Prinzen#/media/Datei:Prinzen2.jpg
Lizenz: https://creativecommons.org/licenses/by-sa/3.0/

Seite 56ff.: **Udo Lindenberg** am 13.04.2005 in Bonn. Hawobo at german Wikipedia project, lizensiert unter CreativCommons-Lizenz CC BY-SA 3.0 de.
URL: https://commons.wikimedia.org/w/index.php?curid=5470239#/media/File:Udo_Lindenberg_am_13.04.2005.JPG
Lizenz: https://creativecommons.org/licenses/by-sa/3.0/de/deed.en

Seite 63ff.: **Michael Jackson** live in Concert 1995 ©akg/Jazz Archiv Hamburg

Seite 71ff.: **Freddie Mercury** in New Haven, CT at a WPLR Show, November 1978
Carl Lender derivative work: Lo·mi (FreddieMercurySinging21978.jpg), Wikimedia Commons, lizensiert unter CreativeCommons-Lizenz CC BY-CA 3.0
URL: https://commons.wikimedia.org/wiki/Category:Freddie_Mercury?uselang=de#/media/File:Freddie_Mercury_performing_in_New_Haven,_CT,_November_1977.jpg
Lizenz: https://creativecommons.org/licenses/by-sa/3.0/

Notizen

© Persen Verlag